Les douze PILOTES

L. Le Leu

A. H.

LES DOUZE PILOTES

N° 36 des Fastes de l'Église

Trop tard! Vous êtes Pape! (P. 141.)

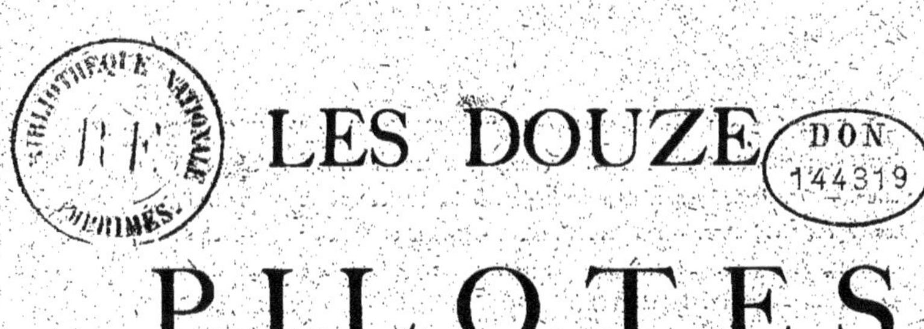

LES DOUZE PILOTES

PAR

L. Le Leu

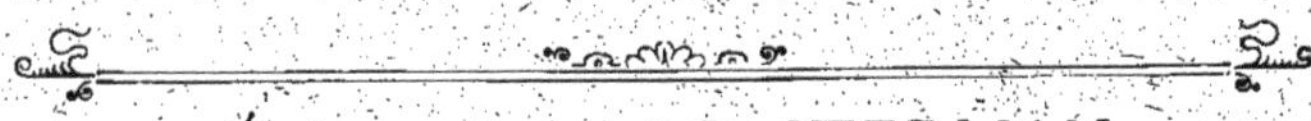

ÉTABLISSEMENTS CASTERMAN
Société Anonyme
PARIS, Rue Bonaparte, 66 — TOURNAI (Belgique)

SOMMAIRE HISTORIQUE DU VOLUME.

La Papauté et ses luttes depuis Alexandre IV (1254) jusqu'à Boniface VIII (1294). — Essais de pacification de l'Occident. — Efforts pour la réunion des Eglises grecque et latine. — Concile de Lyon, XIIIe œcuménique. — Luttes des Guelfes et des Gibelins. — Les Vêpres Siciliennes. — Derniers désastres en Orient et chute de Saint-Jean d'Acre. — Débuts de la guerre de cent ans. — La guerre universelle civile et internationale. — Papes : Alexandre IV, Urbain IV, Clément IV, Grégoire X, Innocent V, Adrien V, Jean XXI, Nicolas III, Martin IV, Honorius IV, Nicolas IV, Célestin V.

IMPRIMATUR

Tornaci, die 9 Januarii 1913.

V *CANTINEAU, can. cens. lib.*

AVANT-PROPOS

Le navire de l'Église vogue, à travers les siècles, sur les flots agités et ténébreux des passions et des tribulations humaines. La papauté est au gouvernail et la barre est toujours dure à tenir.

Si les ambitieux qui, de tout temps, ont levé vers le suprême Pontificat des regards d'envie, ont considéré le trône de saint Pierre comme le plus haut sommet auquel pût atteindre l'ambition humaine affamée d'orgueil et ivre du désir de se sentir maîtresse du ciel et de la terre, en revanche, les saints que le Saint-Esprit a, de tout temps, appelés à ce terrible honneur, ont toujours regardé ce sommet comme un calvaire et ce siège comme une croix. Un des papes dont nous parlerons dans ce livre, disait souvent que, pour punir son ennemi, quel qu'il fut, il ne lui souhaiterait pas d'autre supplice que de parvenir au souverain pontificat. Il ajoutait qu'il ne comptait les plus grands biens de la terre que pour autant de gibets dressés à dessein pour crucifier les hommes.[1]

(1) Jean XXI, au rapport du P. Gorgeu.

La papauté ressemble à ce Prométhée de la fable, crucifié et enchaîné sur son rocher pour avoir dérobé le feu du ciel; à ce Prométhée, proie vivante et cependant immortelle de tous les oiseaux sanguinaires.

Partie du Cénacle, où la gloire fulgurante de la Pentecôte a embrasé son âme, elle est allée vers les nations et elle s'est établie au milieu d'elles, au centre même de leurs corruptions et de leur empire; chandelier vivant elle s'est posée sur la montagne même de leurs turpitudes dont les flots ont déferlé à ses pieds en vagues pesantes et pétrifiantes.

Comme au Christ, sur la montagne de la tentation, Satan lui a montré ses gloires et a déroulé devant ses yeux le panorama séducteur de ses royaumes; à elle aussi, il a dit : Je te donnerai tout cela si, tombant à genoux, tu m'adores.

La papauté est restée debout, le regard fixé sur le ciel; mais Satan n'était pas vaincu, car il est le roi des passions contre lesquelles, sans cesse, lutte la grâce; il est le prince de la malice qui ne peut rien contre la sagesse de Dieu, mais qui a prise sur les hommes et la crucifie en eux. La papauté, un jour, se réveilla captive, et devant elle était un calice débordant du vin de l'amertune fait des soucis de la terre et des douleurs de l'empire.

Il en devait être ainsi, sans doute, dans les desseins insondables de la Providence. Le Christ seul est au-dessus des vicissitudes de la terre; ceux qui le représentent ici-bas doivent participer aux choses d'ici-bas; les pieds d'airain du Fils de l'Homme, ardents dans la fournaise[1], doivent se tenir dans le feu et n'y pas être consumés.

(1) Apocalypse.

Ils passent, ils passent, sur la longue route des siècles, ces souverains au cœur éternellement brisé; tantôt ils ressemblent à l'éclair rapide dans une nuit de tempête et se succèdent de même au milieu du fracas des nations qui se heurtent comme les grandes eaux ou des trônes qui crépitent comme des volcans. Tantôt on les voit eux-mêmes prendre une part active aux luttes qui déchirent l'unité du Christ; et ce ne sont pas les meilleurs, mais ceux-là même qui ont osé, des rangs mêmes des impies, lever des yeux ambitieux vers le trône blanc du prince des pasteurs; tantôt on les voit porter la lourde croix des douleurs impuissantes et promener sur les routes des nations leur personne désolée, comme un fantôme accablé sous la chape de plomb d'un douloureux martyre auquel ils ne peuvent pas se soustraire; d'autrefois, ils semblent des soleils dans l'épanouissement d'une gloire tranquille qui reflète le calme et la prospérité d'un siècle qui semble avoir oublié les amertunes passées et ne point se soucier des menaces de l'avenir.

Toujours, cependant, ils sont là. La dynastie de Pierre voit passer les dynasties humaines et elle reste; les nations se mélangent, les trônes se confondent, les cartes se remanient et toujours, du haut du trône blanc, le même vieillard blanc regarde, parle, bénit, maudit et pleure. Qu'ils ressuscitent, les morts de tant de siècles engouffrés, qu'ils reviennent sur cette terre que la charrue du destin a tant de fois remuée, ensemencée et moissonnée, et qu'ils demandent où sont les choses de leur temps respectif; nul n'entendra leur langage; mais, d'un geste muet, on leur montrera Rome; ils y verront le vieillard blanc, le même vieillard blanc qui, seul, est toujours là.

Entre les choses qui passent et les choses qui demeurent

il y a une différence, car ce qui passe n'a que la fragilité éphémère de la vie, mais ce qui demeure emprunte sa stabilité à la permanence même de l'être, non que cette chose ait l'être en soi, mais elle est ce sur quoi s'appuie l'être pour manifester sa pérennité. La papauté est le centre visible de l'unité dans l'Eglise destinée à manifester jusqu'à la fin des temps l'unité du Christ; elle est la pierre terrestre sur laquelle repose le mystère de la pierre éternelle et la gloire sans fin de Jésus-Christ.

Faire l'histoire du monde chrétien, c'est donc faire l'histoire de la papauté en même temps. Après avoir regardé les gloires prééminentes d'une époque en elle-même, pour voir l'ensemble général de cette époque par rapport à l'Eglise, il nous suffira de faire défiler sous nos yeux les pontifes de cette époque avec leurs œuvres et dans leurs relations avec leur temps.

Voilà pourquoi, après avoir assisté à la fin des Croisades, avec le glorieux règne du saint roi Louis IX,[1] après avoir vu comment, avec saint Thomas d'Aquin, Albert le Grand, saint Bonaventure, l'intellectualité chrétienne s'est épanouie comme en un feu d'artifice merveilleux,[2] nous verrons, dans ce volume, l'état du monde chrétien sous les douze pontifes qui, pendant ce temps-là, se sont succédé sur la chaire de saint Pierre, depuis Alexandre IV jusqu'à Boniface VIII.

Le lecteur y verra la lourde tâche des pontifes romains en face du monde chrétien dans lequel ils tiennent une si grande place par leur double couronne temporelle et spirituelle qui

(1) Vol. *Le Dernier Croisé.*
(2) Vol. *L'Ange de l'Ecole.*

sont les deux colonnes entre lesquelles se sont déroulées toutes les luttes de l'histoire pendant de nombreux siècles.

D'Alexandre IV jusqu'à Boniface VIII, la papauté travaille à une double tâche avec une ardeur et une patience infatigables. Elle s'efforce de pacifier l'Occident qui est profondément troublé par la lutte impie des Hohenstaufen qui continuent contre elle les guerres du césarisme dont nous avons vu les excès surtout avec l'empereur d'Allemagne Henri IV, et elle s'efforce aussi de terminer le schisme grec en ramenant à l'unité dont elle est le centre, l'Orient obstiné dans sa séparation et son Bas-Empire.

Le succès complet ne couronnera pas ses efforts, assurément. On ne doit pas s'en étonner, car cette lutte n'est pas seulement une guerre historique comme celles qui se font entre les rois ou les peuples dont les dissidences, liées à des questions d'intérêt éphémère, ont une fin. Ici, la lutte n'a pas de fin; elle est inhérente aux choses mêmes de la terre qui sont soumises à la loi de division.

Il faut, dans le monde, une autorité et un pouvoir. Il faut que cette autorité soit pleine, une et divine et que le pouvoir lui soit soumis. Il faut que jamais l'autorité et le pouvoir ne se confondent mais restent séparés quoique dans un accord parfait. Telle est la loi de l'harmonie réalisable sur la terre.

Mais le monde est livré aux luttes de la force et des passions qui refusent incessamment de se soumettre à la loi de l'harmonie que, seule, l'autorité divine peut établir et dicter par l'organe de ses représentants sur la terre.

La force se refuse à cette soumission parce que sa nature est d'aller toujours jusqu'au bout de sa puissance; nature aveugle par elle-même, instinctive et inintelligente de l'esprit des lois éternelles qui, dans ces conditions, au lieu d'être pour elle un joug doux et léger,[1] lui paraît, au contraire, une insupportable tyrannie, parce qu'elle est toute de violence et d'orgueil.

Tant que la passion sera plus forte que l'intelligence dans le monde, l'autorité et le pouvoir seront toujours en désaccord et en lutte et le monde sera un vaste champ de bataille, de désordre et de catastrophes.

D'un autre côté, l'autorité qui est divisée elle-même par les passions qui engendrent les schismes, perd sa force divine qui est dans l'unité et vérifie cette parole du Seigneur : « tout royaume divisé contre lui-même sera désolé. » L'autorité ainsi divisée n'est plus maîtresse du pouvoir qui mobilise ses forces contre elle et elle n'a plus d'autre ressource que de gémir en silence, de supplier qu'on l'écoute et de maudire ceux qni ne l'écoutent pas, ou, enfin, de lutter par la force contre la force, c'est-à-dire de tomber elle-même, par ses partisans, dans la violence et les excès comme nous le verrons ici même avec les luttes des Guelfes et des Gibelins et cette triste page des Vêpres Siciliennes, à laquelle, plus tard, la Saint-Barthélemy fera un odieux pendant.

L'autorité désavouera toujours de pareils excès qui ne sont pas de son essence ; et, en effet, son principe ne saurait en être atteint devant la philosophie, mais il s'en trouve éclaboussé devant l'histoire qui, elle, ne juge pas des idées ni des principes, mais des actions et des hommes.

C'est donc toujours en vue de sauver le monde de pareils troubles et de si grands malheurs que la papauté a poursuivi

(1) « Mon joug est doux et mon fardeau est léger, » a dit Jésus, en expliquant pourquoi : « Apprenez de moi que je suis doux et humble de cœur. »

et poursuivra toujours la lutte contre le césarisme et le schisme sous toutes leurs formes, parce que le césarisme veut tuer l'autorité divine et que le schisme qui est la division intestine de l'autorité, lui ôte sa vraie force qui est l'unité et la catholicité, c'est-à-dire le point et tout son déploiement parfait par le diamètre et le cercle.

Mais il est écrit que ces luttes ne finiront pas jusqu'à ce que le Christ lui-même ait accompli sa parousie glorieuse et finale qui terminera toutes choses et les renouvellera : *Ecce nova facio omnia.*[1]

Aussi, du milieu des mugissements du torrent des siècles, la même prière sort-elle incessamment du fond du cœur et des lèvres des martyrs et des saints : « Venez, Seigneur Jésus, venez![2] »

(1) Apocalypse.
(2) Ibidem.

LES DOUZE PILOTES

I

L'HÉRITAGE EMBRASÉ.

Les dalles de la cathédrale de Naples, un instant entr'ouvertes, venaient de se refermer sur la dépouille mortelle du pape Innocent IV qui laissait après lui une mémoire discutée malgré la pompeuse mais reconnaissante épitaphe que la ville de Naples allait graver sur son tombeau et ainsi conçue :

« Au souverain Pontife Innocent IV qui a très bien mérité de toute la république chrétienne, fut élu pape le jour de la fête de la Nativité de saint Jean-Baptiste, l'an 1243 et couronné le jour de la fête du Prince des Apôtres. Ce fut lui qui, le premier, décora les cardinaux de vêtements de pourpre, prit souci de rétablir dans son premier état la cité de Naples renversée par Conrad et rendit, en outre, son pontificat très illustre par d'autres actes remarquables et presque divins. Il mourut l'an 1254. »

Le témoignage des hommes est souvent aveugle ou intéressé, rarement est-il pleinement juste.

En tout cas, si la mémoire d'Innocent IV fut attaquée, ce

ne fut pas au point de vue de sa valeur personnelle, ni de ses mœurs, ni de sa foi, ni de sa dignité comme bon et légitime pontife; non, Innocent IV fut un bon et noble pontife.

Ce qu'on lui reprochait, c'était de n'avoir conduit l'Eglise, au milieu des inextricables compromis du siècle, que vers des succès plus temporels que spirituels.

Assurément, ce reproche n'était pas dénué de fondement; la papauté avait des armées, les papes étaient souvent des généraux autant que des pontifes et bientôt nous verrons Jules II, revêtu de son armure de guerre, commander ses troupes en personne et livrer des batailles. Mais un pape ne saurait être rendu individuellement responsable des conséquences flottantes, momentanées et fatales d'un tel état de choses.

Ce qu'il faut accuser, ce sont les mœurs du temps, c'est cette étonnante permission de la Providence qui a laissé entrer les successeurs des Apôtres dans cette fournaise ardente des luttes politiques et nationales auxquelles l'Evangile interdit aux enfants de la Lumière de se mêler, mais desquelles l'Eglise sortira un jour matériellement vaincue mais spirituellement triomphante.

Comme pour rappeler aux orgueilleux la stérilité vaine des titres et des honneurs dans l'ordre de la grâce et les fécondités profondes de l'humilité, la Providence permit, en ce temps-là, une merveille surprenante.

On vit, en Angleterre, en l'an 1252, un petit enfant de deux ans accomplir de grands prodiges. Les malades accouraient en foule auprès de lui; de ses petites mains il traçait sur eux le signe de la croix et ils s'en retournaient miraculeusement guéris.[1]

Ainsi semblait éclater au milieu de l'orgueil, comme une douce mais pénétrante lumière cette leçon du Seigneur : « Le

(1) Matthieu Paris, *Hist. d'Angleterre*, an. 1252.

Réginald quitta sa couche sans aucun secours. (P. 20.)

plus petit d'entre vous est le plus grand dans le Royaume des cieux. »

Pendant ce temps-là, éclataient ailleurs d'autres prodiges. Sur la tombe du dominicain Pierre de Vérone se faisaient de nombreux et journaliers miracles.

Pierre était mort depuis un an à peine. Il avait été assassiné dans un guet apens alors qu'il allait à Milan pour combattre par sa parole les Manichéens qui désolaient la Lombardie et la Toscane. C'était comme inquisiteur que Pierre avait été envoyé à Milan. Il n'ignorait pas que sa vie avait été mise à prix par les chefs de l'hérésie, qui avaient promis quarante livres à qui l'ôterait de la terre.

Lui même avait dit, un jour, dans une église de Milan et devant un nombreux auditoire ces paroles non équivoques :

— Je sais parfaitement que les hérétiques ont résolu ma mort. Je sais même où se trouve déposée la somme destinée à récompenser mon meurtrier. Qu'ils agissent comme il leur plaira, du reste ; ils verront bientôt que ma tombe leur sera plus funeste que ma parole et mon action.[1]

Innocent, pressé de toutes parts par les sollicitations des religieux l'avait mis aussitôt au nombre des saints.

Vers cette même époque, mourait une sainte d'un autre genre ; la pieuse imitatrice et sœur spirituelle du glorieux stigmatisé d'Assise, Claire, fondatrice des sœurs franciscaines nommées Clarisses.

Innocent alla avec plusieurs cardinaux visiter la sainte qui agonisait ; il assista à sa mort et, comme pour préluder à sa canonisation, ordonna que son corps fut transporté au tombeau, non avec des chants de deuil, mais avec des chants de fête, ceux que l'Eglise emploie pour fêter la gloire des Vierges, au son des instruments de musique et dans l'appareil du triomphe.

(1) Th. de Catimpre, l. 1, t. v, n. 2.

Pendant ce temps-là un prodige allait hâter et terminer un long procès de canonisation qui traînait depuis fort longtemps en longueur.

Les Polonais honoraient depuis longtemps comme un saint, un bienfaiteur de leur patrie, Stanislas qui avait été évêque de Gracovie et martyr, et, pour obtenir de Rome la ratification de ce culte, ils ne reculaient devant aucun sacrifice. Le cardinal Jean de Gaëte, tout entier gagné à leur cause, leur avait annoncé qu'il avait tout arrangé pour une solution favorable et prochaine.

Mais un autre cardinal, très influent, Reginald d'Ostie qui déjà avait blâmé la précipitation avec laquelle le pape Innocent IV avait procédé à certaines canonisations et notamment son enthousiasme aux obsèques de Claire, s'opposa ouvertement à ce que Stanislas fut mis au nombre des saints.

Un événement imprévu allait changer ses dispositions. Reginald tomba malade et se mit au lit, atteint si gravement que bientôt il fut certain pour les médecins, pour tout le monde et pour lui-même, que sa fin était imminente.

Il gisait, déjà frappé par l'agonie, lorsque tout à coup il apppela ses serviteurs et d'une voix autoritaire dit :

— Que l'on prépare mon cheval, il faut que j'aille rendre visite au très saint pape.

— Il délire ! pensèrent ceux qui l'entendirent.

Mais, pour lui donner satisfaction, on fit ce qu'il ordonnait, car on savait, d'autre part, que Réginald n'admettait aucune réplique lorsqu'il donnait un ordre.

A peine le cheval était-il sellé qu'à la surprise de tous, Réginald quitta sa couche sans aucun secours, enfourcha sa monture et partit avec sa suite émerveillée.

Quand on vint dire au pape que le cardinal Réginald d'Ostie lui demandait audience, Innocent s'écria :

— Que me dites-vous là ? N'est-ce pas plutôt sa mort que vous voulez m'annoncer?

On le détrompa aussitôt; le cardinal et sa suite étaient déjà entrés au palais.

Innocent courut à sa rencontre et, n'en pouvant croire ses yeux, l'embrassa en l'accablant de questions sur un pareil prodige.

— Je vous dirai tout, dit Reginald. J'étais moribond, vous le savez, lorsque, dans un moment de solitude, je vis apparaître devant moi un évêque rayonnant de clarté qui me dit :

— Me reconnais-tu?

Saisi de stupeur et de crainte, pouvant à peine articuler une parole, je lui dis :

— Comment pourrais-je vous reconnaître? Je ne vous ai jamais vu. Je vous en supplie, dites-moi sans tarder qui vous êtes, seigneur évêque.

Il me répondit alors :

— Je suis Stanislas, évêque de Cracovie, qui, pour l'honneur de l'Eglise et la défense de la vérité, reçus la couronne du martyre sous le roi Boleslas.[1] Tu t'es constitué mon adversaire, n'ayant étudié ni ma vie ni ma mort, ignorant les miracles que Dieu n'a cessé d'opérer par mon indigne entremise.

Aussitôt je m'écriai :

— Pardonnez à mon erreur et à mon ignorance, ô généreux martyr! ô saint pontife! Autant je me suis montré l'adversaire de votre canonisation, autant et plus encore j'en serai le protecteur si la vie m'est rendue.

C'est alors que le saint martyr me dit :

— Eh! bien, pour qu'il ne te soit plus permis de douter du bonheur et de la gloire que je dois à la miséricorde infinie, quitte sur l'heure ton lit de souffrance, te voici plein de forces; ne t'oppose plus à ma canonisation. Ce n'est pas que

(1) En 1079.

cela puisse rien ajouter à mon bonheur puisque je possède la vision intuitive; mais ce sera pour le salut des fidèles et la gloire de Dieu.

— Très saint pape, ajouta Reginald, oubliez, je vous en supplie, ma conduite antérieure et mon aveuglement; procédez immédiatement à la canonisation qui sera la glorification juste d'un saint, le bonheur d'un peuple, l'honneur de la Religion, et un triomphe pour l'Eglise.

Innocent ne demandait pas mieux; bientôt, d'ailleurs, un nouveau prodige allait montrer qu'aucun doute ne pouvait être conservé au sujet de tout ceci.

La bulle pontificale qui mettait Stanislas au rang des saints fut rédigée pour être adressée à l'univers catholique tout entier, et ce fut dans la basilique de la cité d'Assise que le pape résolut de procéder à cette auguste cérémonie.[1]

Au moment où le pape proclamait la sainteté de Stanislas, un mort ressuscita devant la foule immense assemblée.

La Pologne entière, la Hongrie et les peuples voisins se joignirent aux fêtes de l'Eglise de Cracovie pour célébrer la gloire de Stanislas et lui demander sa protection céleste.

C'était, en effet, le temps où les Tartares se préparaient, à la grande terreur de l'Europe, à une formidable invasion contre laquelle Innocent IV invite les Polonais, les Russes, les Hongrois, les Serbes, les Poméraniens, les Bohémiens, les Moraviens à se défendre et à prendre la croix.

« N'attendez pas le son de la trompette, l'appel de vos chefs, le signal de la bataille, leur écrit Innocent; c'est dans votre cœur et dans votre raison que ces signaux doivent déjà avoir retenti. Sentinelle avancée occupant le sommet de la citadelle sainte, non content de vous signaler le danger,

(1) Cette bulle existe encore dans les archives vaticanes. Elle est consignée dans : INNOC. IV, *Ep.* XI, 198. *Bulles*, t. I, INNOC. IV. L'histoire de cette canonisation est rapportée dans : LONGIN, *Hist. de la Pologne*, liv. VII, et Cromer, *Les grands faits de la Pologne*, liv. IX.

nous envoyons à votre aide, comme interprète de notre pensée, comme inspirateur de votre courage, un légat dont les lumières et les vertus méritent absolument votre soumission et votre confiance. Que chacun donc prenne la croix, lève bien haut cette bannière du salut, marche dans la glorieuse carrière où tant de héros l'ont précédé, où le précède encore, Celui qui donna son sang pour la rédemption des hommes.

« Notre très cher fils, l'illustre roi de Russie, placé aux avant-postes du Christianisme, nous a informé que les Tartares se disposent à compléter l'extermination des malheureux qui, par la fuite se sont dérobés à leurs coups, si Dieu ne détourne cet orage. C'est à vous qu'il appartient d'être, dans un tel péril, les instruments de sa miséricorde.

« Si vous n'organisez sans retard une vigoureuse résistance, en concertant vos efforts, vous serez les premières victimes de l'invasion projetée par ces barbares. Ils passeront sur vous, profitant de vos divisions intestines ou de votre fatale incurie, pour pénétrer au cœur du monde chrétien. La prudence humaine, dans de telles conjonctures, ne suffit pas; arborez et tenez haut surtout l'étendard de la Croix.[1] »

Ainsi Innocent IV se montrait la sentinelle vigilante du monde chrétien.

La Pologne, en se convertissant, s'était reconnue vassale de l'Eglise. Innocent donne l'ordre à son légat de l'affranchir, anoblissant ainsi pour toujours sa catholique épée. En même temps, Innocent s'efforce de ramener la paix entre les rois de Bohême et de Hongrie dont l'inimitié entretenait une guerre atroce.

L'Eglise d'Angleterre, au milieu des tribulations que lui causaient les inimitiés toujours vives entre le trône anglais et

(1) Innocent IV, *Ep.* x.

le siège de Rome, avait aussi des saints, dignes continuateurs du martyr Thomas de Cantorbéry.

C'étaient Richard de Chichester, qui mourait cette année même[1] et sur le tombeau duquel éclataient tant de miracles qu'il fut bientôt mis par l'Eglise au rang des saints; puis un de ses condisciples de l'école primatiale de Cantorbéry, Thomas, archidiacre de Northumbrie, qui s'éteignait presqu'en même temps en laissant ainsi une réputation de thaumaturge et de saint; puis Robert de Lincoln, digne successeur de saint Hugues, le vaillant évêque de Lincoln, athlète d'Eglise contre Richard Cœur-de-Lion; lui aussi mourait en odeur de sainteté.[2]

Presque toutes les nations du monde étaient alors en guerre les unes contre les autres; le titulaire du saint-empire, Frédéric d'Allemagne, combattait ouvertement le pouvoir temporel du pape afin de mieux porter atteinte à son pouvoir spirituel; la discipline et les mœurs étaient très relâchées; les schismatiques multipliaient leurs attaques contre l'unité catholique; les Tartares menaçaient d'envahir toute l'Europe; les dernières croisades de Palestine étaient la proie de l'impuissance et du malheur; enfin les hérétiques étaient un danger permanent à l'intérieur de la chrétienté. Telles étaient les douleurs de ce pontificat cependant consolé par quelques saints au nombre desquels de très illustres docteurs comme saint Thomas d'Aquin, saint Bonaventure,

(1) 1253.

(2) Lui aussi, au rapport des historiens, se montra d'une grande sévérité envers Innocent IV. Le lecteur remarquera, sans doute, que de ce même Robert de Lincoln, donné ici comme un saint, il est dit plus haut qu'il mourut excommunié et privé de la sépulture ecclésiastique. Nous laissons la responsabilité de cette énigme à l'abbé Bareille (*Hist. de l'Église*), sans prétendre la résoudre et précisément parce que nous voulons donner à nos lecteurs, à cette occasion, une leçon de prudence en matière d'histoire. Ils verront par là qu'on ne saurait apporter trop de réserve dans ses jugements, lorsqu'on parle de choses que l'on n'a pas vues et sur des témoignages souvent les plus contradictoires.

Albert-le-Grand et leurs éminents disciples, et par l'un des plus saints rois que la terre ait porté, le roi de France Louis IX.

Ce fut pour parer à ces maux, dans la mesure du possible, qu'Innocent IV réunit le XIIIe concile œcuménique, à Lyon, ne pouvant le réunir à Rome d'où il était fugitif devant les armées de Frédéric.

Ce fut au milieu de tous ces écueils que ce pontife dut conduire la barque de l'Eglise, combattant tous les despotismes, répandant à pleines mains, dans l'univers chrétien tout entier l'argent de l'Eglise, pour sa gloire et son triomphe; luttant corps à corps, pour ainsi dire, contre des ennemis jurés comme Frédéric; combattant les idolatries du Nord, l'hérésie Manichéenne, le sensualisme oriental, la décadence ou l'empiétement monastiques, les abus de pouvoir et les excès populaires; enfin, mourant à la peine, à Naples, au moment où la trahison et l'or détachaient de sa cause ses armées désorganisées.

Certes, au point de vue général des choses, on ne pouvait reprocher à ce pape que ses malheurs, on ne pouvait que le louer de ces mêmes malheurs et de son énergie terrassée dans une lutte inégale et acharnée.

D'où vient donc qu'il fut tant loué et tant blâmé tout à la fois? Cela vient de ce que le jugement des hommes est souvent relatif et intéressé. Mais, si des saints l'ont accusé, comment cela s'explique-t-il?

Les saints ne sont pas toujours de ce monde; les saints voient les choses à un tout autre point de vue que nous. Quelques-uns ont été saints tout en acceptant les compromis des luttes matérielles; mais la plupart, le regard fixé sur l'idéale et céleste Jérusalem, n'ont jamais voulu oublier que l'Eglise de la terre doit en être le reflet parfait, autant qu'il est possible et, se souvenant de ces paroles du Christ : « Mon royaume n'est pas de ce monde. » « N'imitez en rien les princes des nations; vous savez que les princes des nations les traitent par la domination et que, parmi les nations, ce sont les plus forts qui exercent leur puissance sur les plus petits; je ne veux pas qu'il en soit de même parmi vous où les plus grands sont les plus petits et ceux qui servent les autres. Quiconque, parmi vous, voudra être le premier, devra être le serviteur de tous. Car le Fils de l'Homme n'est pas venu pour être servi mais pour servir et pour donner sa vie afin que la multitude soit rachetée de l'esclavage et de la mort.[1] »

Retirés dans la solitude de leurs contemplations, en face de l'éternel Evangile et de sa parole qui ne passera pas, c'est à ce point de vue exclusivement évangélique qu'ils regardaient les luttes du monde et blâmaient les luttes de la papauté contre le monde, corps à corps et avec les armes du monde, se souvenant avec terreur de ces paroles : « celui qui se sert de l'épée périra par l'épée, » mais ne pouvant oublier assurément qu'il a été dit : « Les portes de l'enfer ne prévaudront pas. »

Un homme, à lui tout seul, ne peut changer l'axe d'un monde ni l'arrêter dans sa course. De même, un pape ne peut faire que l'océan tumultueux sur lequel vogue la barque dont on lui confie le gouvernail, se change tout à coup en un paisible lac ou en une prairie embaumée; tout ce qu'il peut faire de mieux c'est de se montrer à la hauteur des circonstances avec les moyens dont il dispose, et c'est ce que fit Innocent IV. Il géra l'héritage terrestre de l'Eglise romaine avec le génie et les forces dont il disposait. Ce n'était pas lui qui avait allumé la fournaise par laquelle tant d'autres avant lui avait passé et par laquelle ses successeurs passeront également pour la plupart avec le même courage et les mêmes douleurs.

(1) S. Matthieu, xx, 25-28. Voir notre IIe vol. RÉDEMPTION.

Car c'est bien la papauté qui peut répéter à travers les siècles cette parole de l'écriture « Je marche dans les flammes. » Mais comme Jean, dans la sublime vision de Pathmos, vit les pieds de celui qui ressemblait au Fils de l'Homme, comme semblables à l'airain le plus fin et le plus luisant, aussi ardent que ce métal dans la fournaise,[1] ainsi les siècles voient la papauté debout malgré tout comme sur des pieds de bronze que la fournaise dévore mais qui ne fondent pas.

Et tel est le douloureux mais sublime héritage qu'Innocent IV reçut et transmit à ceux qui, après lui, allaient être les athlètes et les rois de cet effrayant brasier.[2]

(1) Apocalypse, I, 15.
(2) Innocent IV régna de 1243 à 1254.

II

LA PORTE ENTR'OUVERTE.[1]

Il y avait treize jours qu'Alexandre IV dormait dans sa tombe. Dans cette même basilique de Naples, où l'on avait célébré les funérailles du pontife fugitif devant la trahison et la défaite, les cardinaux réunis acclamaient pontife souverain, leur doyen, ce cardinal Reginald évêque d'Ostie, naguère ramené des portes du tombeau par l'intervention miraculeuse du saint martyr Stanislas, auquel il refusait l'auréole des Saints.

(1) On attribue à saint Malachie, évêque d'Armagh, en Irlande, une longue prophétie sur la succession des papes, depuis Célestin II (1143) jusqu'à la fin du monde. Toute la prophétie consiste en une simple devise attribuée à chaque pape et qui, en général, symbolise l'état du monde chrétien pendant son pontificat. Plusieurs de ces devises, notamment les dernières de cette longue liste, offrent des concordances saisissantes avec les événements. Nous les emploierons parfois ici.

La devise d'Innocent IV porte *Comes Laurentius* (compagnon de Laurent). Saint Laurent, on le sait, fut brûlé vif sur un gril de fer. Cette devise indique assez bien que le temps et les circonstances du pontificat d'Innocent IV, furent comme un gril et un brasier pour ce pontife. Son successeur, Alexandre IV, dont nous allons parler, est désigné par cette devise : *Signum Ostiense;* il était cardinal d'Ostie, qui signifie porte ; la devise peut se traduire : « Un signe de la porte ; » une porte sert à entrer et à sortir ; au figuré, cela peut signifier un changement, une amélioration d'un état de choses. Nous verrons, en effet, ce pontife apporter dans les choses de l'Eglise d'assez notables modifications et abroger plusieurs actes de son prédécesseur. Alexandre IV régna de 1254 à 1261.

Le nouvel élu était de la famille des comtes de Segné, de laquelle étaient déjà sortis deux papes, le grand Innocent III et Grégoire IX.

« C'était, dit un moine historien, un homme bienveillant, d'une piété sincère, adonné à la prière, rigide dans sa conduite, austère et mortifié, mais, néanmoins quelque peu accessible à la flatterie et assez intéressé dans les biens de ce monde. »

A peine élu, Alexandre IV écrivit à tous les prélats du monde catholique, en leur demandant leurs prières, afin que Dieu lui fît la grâce d'être un digne pilote de son Eglise, un digne successeur de Pierre et un vrai vicaire de Jésus-Christ.

Alexandre avait besoin, en effet, du secours du ciel, au milieu d'un temps tourmenté et difficile. Dès le premier jour, du reste, il se mit à la tâche avec courage, décidé à continuer l'œuvre de son prédécesseur, au point de vue politique surtout, car le monde était alors profondément agité dans ses royaumes en guerre les uns contre les autres, et de cette agitation pouvait résulter la ruine des possessions temporelles de l'Eglise.

Alexandre ne devait pas négliger non plus la gloire spirituelle de cette même Eglise.

Contre les agitations du nord et du midi de la péninsule italique, Alexandre prend des mesures de guerre, pour tenir en échec le prince rebelle Manfred. Il appelle à lui les guerriers les plus renommés, Jean-le-More et le margrave Berthold, dont il comble d'honneur les deux frères, Othon et Ludovic. En même temps, il remplaçait le légat Guillaume de Saint-Eustache par le cardinal diacre Octavien, qui lui semblait d'un caractère plus énergique, afin qu'il s'entendit avec Berthold pour lever une armée. A Octavien, Alexandre joignait un franciscain habile en affaires et nommé Rufin.

(1) Matthieu Paris, *Hist. des Anglais*, an. 1254.

Mais le succès n'allait pas couronner ses efforts de pape ; Manfred allait se montrer irréductible et Octavien lui-même allait traiter avec lui comme avec un vainqueur. Les armées du pape, en effet, étaient plus faibles que celles de Manfred, appuyé par les forces de plusieurs villes et occupées par les Sarrazins, au sein même de l'Italie.

Alexandre IV, voyant ses droits suzerains compromis sérieusement de ce chef et Manfred capable, dans un avenir prochain de s'emparer du trône de Sicile, offrit successivement ce trône à Henri III roi d'Angleterre et au frère du roi de France, pour le débarrasser de ses ennemis. Le roi d'Angleterre n'agira pas, mais le roi de France agira et Charles d'Anjou, frère de Louis IX, viendra délivrer le pape de ses ennemis et s'asseoir sur le trône de Sicile. En même temps, Alexandre IV s'occupe activement des intérêts des autres nations, intérêts politiques, moraux et religieux. Il songeait aussi aux pressants besoins de l'Orient chrétien et de la Palestine.

Du nord au midi, de l'est à l'ouest du monde chrétien, le pontife étendait sa vaste sollicitude sur tant de royaumes troublés par les passions des princes et les égarements des peuples, faits en grande partie de leurs souffrances.

De tous les royaumes chrétiens, la France était alors le seul qui brillât d'une véritable lumière catholique, avec le saint roi Louis IX.

Alexandre IV écrivait à ce sujet : [1]

« La pourpre royale est aujourd'hui rehaussée par l'éclat de la sainteté. Ce royaume est vraiment sublime. Par la générosité, le courage, la grandeur d'âme, l'amour du bien, le zèle pour la religion, il s'élève incomparablement au-dessus des autres. Illustre par ses gloires passées, il l'est encore beaucoup plus par ses présents exploits.

(1) Ep. I, 752.

» Notre bien-aimé fils, le roi de France, met au dessus de tous les trésors humains et de toutes les distinctions de la terre, les intérêts spirituels de sa famille et de son peuple. N'aspirant qu'au salut éternel, il n'en procure que mieux le bonheur de ses sujets et l'honneur de sa couronne; il est grand roi parce qu'il est fervent chrétien.

« Comme preuve de notre bienveillance spéciale, en vertu de notre suprême autorité, nous arrêtons que nul dignitaire ecclésiastique, ayant la juridiction ordinaire ou même extraordinaire, nul légat, nul représentant du Saint-Siège, ne pourra désormais lancer l'interdit ou l'excommunication contre le roi Louis, notre chère fille, la reine Marguerite, et leurs légitimes successeurs sans un ordre direct du Souverain Pontife. Nous déclarons nul d'avance tout acte qui dérogerait à cette concession apostolique. »

Nous avons raconté ailleurs,[1] les drames de la guerre catholique contre l'hérésie Albigeoise et ses partisans.

La force était parvenue à maîtriser ce mouvement qui, généralisé, eut couvert l'Europe de ruines et détruit de fond en comble la société chrétienne de cette époque.

Cependant, on ne pouvait pas dire que l'esprit de ce mouvement hostile aux formules du monde catholique, était anéanti, on n'anéantit jamais un esprit, on peut anéantir les partisans d'une idée, mais l'idée reste, toutes les formes lui sont bonnes pour se manifester de nouveau, elle prend de la force dans la lutte et devient souvent d'autant plus dangereuse que l'ombre dans laquelle on la refoule est plus profonde.

Les Albigeois qui ne pouvaient plus désormais se montrer au grand jour, se cachaient maintenant sous tous les déguisements et travaillaient dans l'ombre à se recruter de nouveaux partisans, afin de relever un jour leur drapeau et

(1) V. vol. XXXIV, *La parole et le glaive.*

de venger leurs désastres. L'Italie était pleine de ces conspirateurs et la France particulièrement en était infestée.

Nous ne verrons pas, toutefois, l'hérésie Albigeoise relever, à proprement parler, son drapeau ; non, les mêmes événements ne se reproduisent pas deux fois et d'une manière absolument identique dans l'histoire. Les formes changeront, mais, à travers leur diversité, on reconnaîtra toujours en acte la même idée et le même motif. L'Albigéisme, la Renaissance, le Protestantisme, la Révolution, ne seront que les formes successives et protéennes de la même idée, celle de détruire, en Europe, la domination romaine sous toutes ses formes, et par conséquent, sous la forme catholique et papale.[1]

Les royaumes catholiques étaient donc intéressés, au premier chef, à lutter de toutes leurs forces contre ces ferments de ruine, et particulièrement les royaumes où dominait l'esprit latin, comme en France, en Espagne, en Italie. Rome, tête de la race latine toute entière, devait agir et agir vigoureusement, car il y allait d'une question de vie ou de mort pour la Latinité tout entière, et par conséquent pour l'Eglise latine mère et maitresse de toutes les Eglises.

Le génie de cette organisation de la défense fut Saint Dominique, et le moyen énergique employé pour la préservation et la conservation de la vie latine, fut l'inquisition établie à la demande des princes latins, remède violent, souvent arbitrairement appliqué, mais qu'il fallait appliquer sous peine de mourir.

Alexandre IV, à la demande du saint roi Louis IX, en même temps qu'il renouvelait contre les manichéens, les Albigeois, les Cathaéens, les Vaudois, les décrets portés et la procédure établie par le concile œcuménique de Latran, décrétait l'organisation des tribunaux de l'Inquisition sous la direction du Provincial des Dominicains de Paris et du Gardien des Franciscains de cette même ville.

Le Saint exhorta la jeune vierge à quitter le monde. (P. 41.)

Le premier droit d'un être vivant étant de vivre, et le premier de ses devoirs étant de préserver sa vie, il s'en suit que le moyen employé ici était légitime en soi, car jamais la vie d'un être collectif, comme un Etat, ne doit être mise en péril par les individus qui le composent, et dont la révolte peut le décomposer et entraîner sa mort.

Du reste, le pape Alexandre IV apporta dans la constitution de ces tribunaux supérieurs, toute la prudence et toute la douceur possibles et compatibles avec le but poursuivi, multipliant les garanties contre la précipitation, l'erreur, l'arbitraire et la cruauté, ne voulant pas la mort du coupable mais sa conversion et sa vie pour l'harmonie et le fonctionnement régulier du corps social catholique.

Il y aura des excès, sans doute, ne s'en produit-il pas toujours dans le fonctionnement même des meilleures institutions, mais l'esprit même de l'institution n'en sera pas plus coupable qu'un code de justice n'est coupable des applications passionnées qu'on peut en faire quelquefois.

Les ennemis de l'Eglise n'étaient-ils pas eux-mêmes des passionnés? N'était-elle pas attaquée de toutes parts, à la fois au dehors et au dedans? au point de vue spirituel comme au point de vue temporel?

Ses ennemis étaient innombrables comme les sables du désert, et sans cesse soulevés pour l'ensevelir.

L'Orient, que l'Occident avait été exciter à la lutte, avait deux buts : se préserver de la conquête et conquérir à son tour ceux qui avaient rêvé de l'asservir. La race Sarrazine tout entière regardait l'Europe comme une proie assurée et déjà avait pris pied dans ses citadelles avancées.

Puis, c'était les Tartares qui rêvaient aussi la même conquête et s'y préparaient par deux voies, la force armée et la diplomatie,

Ils venaient, en effet, d'envoyer une ambassade au roi de Hongrie, Béla, pour lui offrir un étrange marché. Le roi des

Tartares proposait au roi de Hongrie de marier ensemble leurs enfants et de marcher ensemble, ainsi unis, à la conquête du reste de l'Occident, lui promettant, en cas de succès, la cinquième partie de leurs conquêtes. S'il refusait, il le menaçait de l'invasion et d'une extermination complète.

Béla, éperdu, s'était hâté de transmettre au pape ces étranges nouvelles, en implorant son secours et ses conseils.

Tels étaient les grands ennemis de l'extérieur.

D'autres ennemis, c'était ces rois et ces empereurs même du Saint-Empire Romain d'Occident, dont le rêve fut toujours de ne s'allier avec la puissance latine que pour l'écraser. Et telle est la raison des incessantes discordes à propos de la souveraineté entre les pontifes romains et les titulaires du Saint-Empire.

D'autres ennemis encore, c'était les princes latins eux-mêmes, dont la corruption ne s'accommodait pas des lois morales de l'Eglise. C'était ce fatal esprit de discorde qui régna toujours parmi les peuples chrétiens latins ou non et qui, jusqu'à nos jours, n'a jamais permis de réaliser l'unité établie dans les pays du christianisme.

Le clergé, recruté lui-même dans cette masse d'éléments divers et sans cesse en effervescence, divisait souvent aussi l'Eglise au lieu de l'unir.

A travers ce monde de désordre passaient, comme un vent brûlant du désert, les souffles empoisonnés des hérésies les plus diverses, toutes accueillies, pourvu qu'elles favorisâssent les passions, l'égoïsme, la lutte, les révolutions.

Quelle couronne de douleurs que celle de la Papauté à travers les siècles! quel fardeau écrasant que celui qui pesa sur les épaules des pontifes chargés, à chaque instant pour ainsi dire, de sauver le monde chrétien, non seulement de ses ennemis mais de lui-même! Quel effroyable cataclysme que celui qui se serait produit le jour où la Papauté venant à manquer à l'Occident, les peuples de l'Occident se fussent entre-massacrés sous les yeux des peuples de l'Orient, accourus pour aider au carnage et perpétrer avant le temps cet effroyable chaos des nations et des races, qui signalera le règne épouvantable de l'antechrist et la fin des temps.

Grâce à la Papauté, la race latine a prolongé une vie que la justice de Dieu avait déjà condamnée; grâce à la Papauté, l'Europe barbare a eu le temps de s'élever à une civilisation qui, peut-être, n'a pas encore dit son dernier mot; grâce à la Papauté, l'Occident a été l'arche du christianisme renié par l'Orient et le chandelier du haut duquel tous les peuples de la terre ont vu briller la lumière de l'Evangile.

Pour cela, la Papauté a dû descendre dans la fournaise; elle s'est mise au rang humain, elle s'est mêlée aux passions humaines déchaînées, comme le sel se mêle aux eaux corrompues; elle s'y est mêlée jusqu'à être confondue avec elles; mais quiconque a gouté à ces eaux a dit : le sel est là! Et, en effet, le sel est là; le sel du Christ qui reparaîtra blanc et pur quand le soleil de la justice de Dieu aura évaporé la mer qui le roule dans ses flots et semble se jouer de sa vertu divine comme d'une impuissance éternelle.

A ceux qui disent que la Papauté a opprimé le monde, on peut répondre qu'au contraire, la Papauté n'a cessé de sauver le monde; en même temps, il est vrai, elle se sauvait elle même et elle sauvait l'Eglise.

III

LE CHARIOT D'ÉLIE.

Au milieu de tant de préoccupations humaines, Alexandre IV n'oubliait pas les intérêts supérieurs de la chrétienté représentés par les ordres religieux et par la sainteté.

A cette époque, un mouvement de rénovation se faisait dans l'Ordre du Carmel.

Le Carmel se flattait d'un passé glorieux et ne craignait pas de faire remonter son antiquité jusqu'au prophète Elie.

Elie le solitaire, l'homme de Dieu, le contemplatif inspiré, l'ardent champion de la loi, Elie le puissant dont la prière ouvrait et fermait les cieux, Elie qui, s'envolant sur un char enflammé, avait laissé son esprit à Elisée qui l'avait transmis aux Ascètes vivant sur la montagne autour des deux prophètes.

Cet esprit de sainteté ne s'était point perdu. De génération en génération, il avait été entretenu et gardé, sur la sainte montagne, par les Esséniens,[1] qui le transmirent aux disciples

(1) Nous avons parlé des Esséniens, dans notre IIe vol. RÉDEMPTION. L'histoire des Esséniens est obscure, mais on les regarde généralement comme ayant été en Israël les initiés cachés, gardant dans le plus grand secret l'intelligence du sens réel de la tradition et des Ecritures que personne n'entendait plus, même dans le Sanhédrin. Il est fort

de l'Evangile aux mystères duquel ils n'étaient pas eux-mêmes étrangers.

Treize siècles durant, la montagne du Carmel avait gardé ses solitaires dont l'ordre s'était étendu par des fondations multiples dans toute la Palestine.

C'est alors qu'à la suite de la triste issue de la Croisade de Richard-Cœur de Lion et de Philippe-Auguste, l'ordre du Carmel émigra d'Orient en Occident fuyant le cimeterre des Turcs qui massacraient tous ses membres.

Cependant, l'histoire qui n'admet que sous bénéfice d'inventaire les prétentions qui ne peuvent s'appuyer sur des documents palpables et authentiques ne fait commencer l'Ordre des Carmes qu'en l'an 1185, c'est-à-dire vers la fin du XIIe siècle, ce qui ne l'empêche pas d'avoir le droit de se recommander d'un esprit plus antique.

Ce fut sous le pontificat d'Alexandre III[1] que le patriarche d'Antioche, légat du Saint-Siège en Orient, Aymeri, fonda en quelque sorte cet ordre ou, tout au moins, en fut le promoteur.

Beaucoup de personnes, venues d'Occident en Orient pour y embrasser la vie érémitique, se trouvaient dispersées de tous côtés, isolées et exposées aux attaques des infidèles.

Aymeri les réunit en communauté et les établit sur la célèbre montagne du prophète Elie.

Revenu en Europe, l'Ordre y compta huit provinces qui s'élevèrent bientôt à dix-neuf sous une règle commune dite de saint Albert, qui prescrivait à tous ces religieux, de France, d'Italie et d'Angleterre de vivre comme leurs pères de la Palestine dans la retraite, le silence, l'oraison, l'abstinence et la contemplation.

probable qu'ils jouèrent un rôle très important, quoique très secret, dans les origines mêmes de la prédication de l'Evangile.

(1) Alexandre III régna de 1159 à 1181.

Au temps d'Alexandre IV l'Ordre du Carmel déchu de sa première splendeur essayait de se réformer et le pontife approuva ces efforts et les sanctionna par une Bulle apostolique.

Plus tard l'esprit de cet Ordre devait enfanter de grandes âmes mystiques dont sainte Thérèse sera le glorieux modèle.

Alexandre approuva encore un nouvel ordre qui déjà vivait depuis vingt ans sous le nom de servites de Marie et dont l'unique objet était de mettre en relief l'action dominante de la Vierge Mère dans l'œuvre du salut.

Florence avait été le berceau de cette nouvelle congrégation qui y était née le jour de l'Assomption de l'an 1233.

Sept nobles et riches Florentins appartenant à la célèbre confrérie des *Laudesi* ainsi nommée parce que ses membres étaient voués au culte de la Reine des Cieux, eurent un jour, une vision qui leur conseilla de quitter le monde pour se consacrer plus spécialement à ce culte et pratiquer mieux la vertu.

Aussitôt, ils en firent part à l'évêque et lui demandèrent la permission de se retirer dans une solitude à cet effet.

Ils se retirèrent d'abord dans une maison voisine de la ville mais la quittèrent bientôt pour aller s'établir au Monte-Senario, dans un agréable vallon et y vivre sous la règle de saint Augustin d'après les conseils du cardinal Galfrid de Castelleoni qui passa ensuite quelques jours sur la chaire de saint Pierre sous le nom de Célestin IV.

L'histoire a gardé les noms de ces sept fondateurs auxquels fut ensuite montré, dans une nouvelle vision, le costume qu'ils devaient adopter. Cette vision nouvelle eut lieu le jour de l'Annonciation de l'an 1239.

Depuis ce jour, le nouvel ordre s'était propagé avec une grande rapidité.

Alexandre protégea aussi les ermites de saint Guillaume et de Jean-le-Bon et les Trinitaires.

Le même pontife luttait aussi contre la corruption des mœurs si profonde à cette époque partout et surtout à Rome où pullulaient les femmes de mauvaise vie.

Au fond même de ce bourbier, cependant, la foi n'était pas complètement éteinte et beaucoup de ces malheureuses créatures manifestaient le désir de secouer leurs chaînes honteuses et de sortir de leur dégradant esclavage.

Emu de pitié, le pontife, se souvenant du bon Pasteur qui n'hésite pas à quitter tout le troupeau fidèle pour se mettre à la recherche de la brebis égarée parce qu'il y a plus de joie au ciel pour la conversion d'un pécheur que pour la fermeté de cent justes, leur ouvrit un refuge et un asile à la Minerve d'abord puis ensuite à l'église de Saint-Pancrace.

Peu de temps après il complétait et couronnait cette œuvre de rédemption en plaçant sur les autels une héroïne de la virginité, cette Claire, fille spirituelle du séraphique François d'Assise et dont nous avons vu le pape Innocent IV faire les funérailles glorieuses en remplaçant les prières ordinaires des morts par l'office du Commun des Vierges.[1]

La vie même de Claire, Alexandre IV la résume dans la Bulle par laquelle il la déclare sainte.

« Dès son enfance, Claire méprisait le monde et le foulait aux pieds pour s'élancer vers les réalités supérieures. Elle gardait intact l'inappréciable trésor de sa chasteté, se livrait sans interruption à la prière, édifiait son prochain et rivalisait avec les anges autant par sa charité que par sa modestie.

» Cette précoce sainteté fut bientôt remarquée par tous et parvint à la connaissance de François d'Assise. Le saint exhorta la jeune vierge à quitter complètement le monde afin de s'attacher uniquement à Jésus-Christ.

» Claire fut docile à ces conseils qui cadraient avec tous

(1) V. plus haut, ch. I.

ses vœux. Elle vendit aussitôt tous ses biens, selon le conseil de l'Evangile et dès qu'elle le put, donna le tout aux pauvres et, désormais devenue plus pauvre qu'eux, se retira dans une église des champs, vrai sanctuaire de la pauvreté où le grand serviteur de Dieu l'admit à la profession religieuse.

» Ses parents désolés de cette détermination accoururent et voulurent l'arracher à son vœu et à son asile. Mais Claire étreignit l'autel de toutes ses forces et il fallut la laisser à sa vocation sainte.

» François la plaça alors dans l'église de Saint-Damien qui devint le berceau de l'ordre des Clarisses, auquel elle devait donner son nom et qui devait être le complément de la congrégation franciscaine. »

En très peu de temps l'ordre nouveau devint d'une grande fécondité et se propagea dans toutes les contrées du monde catholique.

Claire était au milieu de toutes ses sœurs comme une mère admirable au milieu de ses enfants et un modèle de sainteté.

« Son corps était sur la terre, mais son âme habitait le ciel. Modèle de patience, de douceur et d'humilité, elle faisait régner autour d'elle la plus parfaite harmonie, la plus tendre charité, gagnant tous les cœurs par la douceur de son caractère et la suavité de ses discours.

» Sévère pour elle seule, elle était pour les autres d'une infatigable bonté. La terre nue, ou simplement recouverte de sarments, lui servait de lit, un tronc de bois noueux lui servait d'oreiller. Toujours en mauvaise santé, mais forte par l'esprit, elle n'avait pour vêtement qu'une pauvre robe de bure grossière. Encore, sous cette robe misérable, elle portait un rude cilice qui meurtrissait sa chair délicate. Elle jeûnait perpétuellement et les lundi, mercredi et vendredi de chaque semaine ne prenait aucune espèce de nourriture.

» Pendant plusieurs années, obligée à garder son lit de

douleur d'où elle ne pouvait pas bouger, elle obligeait ses compagnes à la mettre sur son séant et à l'étayer afin qu'elle put travailler de ses mains et ne pas rester oisive quoiqu'infirme et souffrante.

» Son travail consistait à confectionner pour les églises indigentes des corporaux et des linges d'autel.

» Jamais elle ne consentit à recevoir ni un bien, ni une propriété quelconque pour sa communauté. Elle entendait avoir embrassé la pauvreté non seulement en son nom mais au nom de tout son ordre.[1] »

Claire poussa si loin cet amour de la pauvreté qu'elle refusa obstinément l'offre que lui fit le pape Grégoire IX de dôter convenablement son monastère.[2]

La bulle d'Alexandre IV rappelle, en outre, les héroïques vertus de la sainte et les éclatants miracles opérés par son intercession.

Dans l'hommage qu'il rendait ainsi solennellement à la fille spirituelle du séraphique François d'Assise, le pape Alexandre ne pouvait oublier ce père glorieux.

Il avait qualité pour en parler car, dans sa jeunesse il avait connu ce grand saint déjà à la fin de sa carrière et tout illuminé des reflets de l'immortalité. Il avait vu ses stigmates de ses propres yeux et pouvait en rendre un témoignage sincère et précis.

Aussi, dans une encyclique au monde catholique, il les célèbre avec des accents qui vont jusqu'au lyrisme lorsqu'il recommande à la vénération éternelle des franciscains ce mont Alverne témoin de cet étonnant prodige.

« Heureuse terre visitée par les Séraphins, s'écrie-t-il, terre imprégnée des larmes et du sang d'une grande victime![3]

(1) D'après la bulle d'Alexandre IV pour la canonisation.

(2) Les Clarisses ont gardé jusqu'à nos jours cette tradition de pauvreté.

(3) Nous avons parlé ailleurs de S. François d'Assise, de sa mission et de son œuvre,

C'est là que l'étendard du salut, déployé par la main des anges, a récemment brillé sur l'Occident comme il rayonna jadis sur les plages orientales.

» De quels ardents soupirs, de quelles prières enflammées, de quelle sublime immolation n'a-t-elle pas été le théâtre? Elle est devenue le second piédestal de la Croix, un nouveau Calvaire. Quel est le chrétien, quel est le prêtre qui ne se sentirait transporté d'amour en approchant de cette montagne sainte, en se retrempant par la méditation à ce céleste foyer?[1] »

Au point de vue religieux, Alexandre IV était donc à la hauteur de sa charge pontificale, au point de vue politique, et quelle politique! celle du monde catholique tout entier, il ne fut pas inférieur à son état de roi au milieu des difficultés sans nombre résultant des incessants conflits de toutes les compétitions armées et des mœurs du temps si différentes des nôtres qu'à nous, catholiques du XXe siècle, elles nous semblent presque incroyables.

Un trait, entre mille et en passant, peut en donner une idée.

En 1248, un seigneur laïc et guerrier, le duc Philippe de Carinthie, est élu archevêque de l'église de Salzbourg, une des plus anciennes et des plus florissantes de la Germanie.

Le fait en lui-même, quelqu'anormal qu'il puisse nous paraître aujourd'hui, n'était pas essentiellement contraire aux constitutions de l'Eglise, si l'on fait abstraction de ce qu'il cachait certainement d'anti-évangélique.

Six mois se passent sans que ce singulier archevêque consente à embrasser l'état ecclésiastique. Devant ce refus, il est frappé de suspense et sommé de régulariser sa situation

qui ne fut jamais réalisée telle qu'il l'avait voulue et comprise, et telle, sans doute, qu'elle lui avait été inspirée par des voies supérieures aux intérêts de ce monde. Nous avons parlé aussi de sa douleur et de sa résignation, ainsi que de cette mystique et réelle crucifixion qui en fut comme le cachet aux yeux d'un monde qui ne le comprit pas.

(1) Alex. IV. *Epitr.* I, 245.

canonique. Six nouveaux mois se passent encore et Philippe de Carinthie prétend rester archevêque et laïc. Sa déposition est alors prononcée et le collège des chanoines de l'Eglise de Salzbourg, mis en demeure de pourvoir à son remplacement, appelle à ce siège archiépiscopal l'évêque de Secowen, Ulrich et ce choix est ratifié par le pape.

Philippe prétend rester archevêque et garder tous les bénéfices, les places et les biens de l'église de Salzbourg. C'est un schisme, qui, de ce chef, désole la province où la guerre éclate car l'intrus prend les armes pour défendre son usurpation par la force.

Alexandre IV lance l'anathème contre ce rebelle. Il ne se soumet pas; le roi de Bohême et le duc d'Autriche, de leur côté, accourent avec leurs soldats à son aide, prennent position dans toutes les forteresses de la province et à Salzbourg même et chasse du pays tous ceux qui s'opposent à l'intrus, puis le duc d'Autriche à la tête de ses guerriers et de l'élite des soldats de la Bohême et de la Moravie envahit la Bavière, tandis que le duc Henri et Louis, comte Palatin du Rhin, organisent la défense et infligent à l'envahisseur une sanglante défaite, mettant en fuite tout ce qu'ils ne passent pas au fil de l'épée.

Ce n'est pas là un fait isolé, c'est la vie même de cette époque, la vie de longs et longs siècles, la vie dans sa réalité active sur tous les points des royaumes catholiques et dans toutes les régions de l'Europe.

Devant de tels faits qu'on ose à peine écrire, on se demande comment l'Eglise n'a pas péri mille fois plutôt qu'une depuis deux mille ans et l'on est bien forcé de reconnaître en elle, à moins d'être aveugle, quelque chose de divin et quelque chose d'éternel.

Et le secret de ce principe d'éternité que ne peut anéantir la folie des hommes, n'est certainement pas entre leurs mains mais aux mains de Jésus-Christ.

On n'en comprend que mieux les saints véritablement animés de l'esprit du Christ et de l'Evangile et fuyant avec terreur, quand on les y appelle, ce trône pontifical comme un gril ardent, un calvaire et une croix.

Malgré ses efforts, brisé de douleur aux tristes nouvelles qui lui arrivaient de tous les points de l'univers à la fois, Alexandre IV écrasé sous le poids de tant de douloureux soucis voulut les partager avec ses collègues dans l'épiscopat et songea à réunir un concile œcuménique à Rome quinze jours après la fête de Pâques de l'an 1261.

Il fallut attendre, le monde chrétien avait autre chose à faire hélas! que de réunir des conciles, il avait à se coaliser contre les Tartares qui déjà envahissaient la Hongrie et déjà l'Europe séchait de terreur lorsqu'on apprit la nouvelle d'une grande défaite de ces barbares.

Alexandre songea de nouveau au concile dans lequel on décréterait l'Europe chrétienne en danger et l'urgente nécessité pour ses peuples d'oublier toutes leurs haines pour repousser l'ennemi commun. En attendant, le pontife ordonna de réunir de toutes parts des synodes provinciaux pour préparer les voies à la grande assemblée œcuménique.

Ce fut le dernier acte de son pontificat de six ans et demie et à la fin du mois de mai de l'an 1261, il mourait à Viterbe laissant vacant pour près de quatre mois le siège de saint Pierre autour duquel les huit cardinaux électeurs du conclave n'allaient pouvoir s'entendre sans l'aide de la Providence.

IV

DE JÉRUSALEM ET DE LA CHAMPAGNE.[1]

Parmi ceux qui entouraient, à Viterbe, le lit de mort du pape Alexandre IV se trouvait un homme qui occupait une place importante quoique bien difficile et bien précaire dans la chrétienté.

C'était Jacques Pantaléon, patriarche de Jérusalem. Tout ce que l'on sait de lui, c'est qu'il était né à Troyes, en Champagne, d'un père exerçant le misérable état de savetier. Il avait, dans des circonstances inconnues, été envoyé à Paris où il avait fait des études si bonnes que tout de suite il se distingua dans les lettres et le droit canon et obtint dans ces deux facultés le titre de docteur.

Il avait ensuite abordé, avec le même succès, l'étude de la théologie qui bientôt n'eut plus de secrets pour lui. Ce fut alors qu'il revint en Champagne, son pays natal, avec une grande réputation de science, de sagesse et de vie exemplaire.

Aussitôt, l'évêque de Laon l'incorpora à son clergé et, de

(1) *Jerusalem Campaniæ*, dit la prophétie de S. Malachie à propos de ce pape qui, lorsqu'il fut nommé, était patriarche de Jérusalem. Il était né à Troyes, en Champagne, d'une famille si obscure, que son nom même est incertain; on ne sait pas au juste s'il s'appelait Jacques, Hyacinthe ou Pantaléon.

degré en degré, Jacques y conquit le titre d'archidiacre et chargé par le pape de deux légations importantes, se montra diplomate éminent et rendit à l'Eglise, dans ces occurrences, de grands services en Poméranie, en Livonie et en Prusse non sans avoir passé quelque temps dans les cachots d'un puissant baron.

De Laon, où il revint reprendre sa charge d'archidiacre, il alla à Liège, investi dans cette église de la même dignité qu'il remplit avec honneur, puis passa de là, au siège épiscopal de Verdun où ses mérites lui acquirent une grande réputation.

Il avait fait alors le voyage de la Terre-Sainte et le patriarche de Jérusalem étant mort sur ces entrefaites, le vœu universel l'avait appelé à lui succéder.

Jacques Pantaléon avait accepté cette charge et chéri de tous, n'avait plus d'autre désir que de se dévouer entièrement aux grands besoins de la Terre-Sainte qui était l'objet de son ardent amour.

Ce furent ces grands besoins et cet amour qui le firent venir à Rome pour solliciter du secours du pape Alexandre qui l'accueillit honorablement à Anagni où se trouvait alors la cour pontificale.

Comme ses affaires traînaient en longueur, il avait suivi le pape à Viterbe et il y était encore lorsque le pontife avait quitté ce monde.

Il attendait maintenant l'élection de son successeur afin de terminer avec lui ses affaires en suspens.

Cependant, le temps passait et trois mois et demi s'étaient déjà écoulés sans que les cardinaux eussent pu se mettre d'accord pour la nouvelle élection.

Dans ces conjonctures, l'un de ceux-ci s'écria :

— Puisque nous ne pouvons nous entendre, finissons nos discordes et faisons pape le patriarche de Jérusalem.

— Soit, répondirent les sept autres. Aussi bien, est-ce le seul moyen de nous mettre d'accord.

Quand ils vinrent annoncer à Jacques Pantaléon qu'il était pape de par leur volonté unanime, cet homme éminent ne put se défendre d'un double sentiment de chagrin.

Il lui faudrait, en effet, d'une part, quitter cette Terre-Sainte qu'il aimait tant et à laquelle il avait consacré sa vie désormais ; d'autre part, un homme comme lui ne pouvait envisager la tiare que comme une couronne d'épines aussi dangereuse que douloureuse pour celui qui la portait.

Cependant, il comprit que son devoir était de se rendre, et il accepta le fardeau. Aussitôt il envoya une encyclique à tous les princes de l'univers chrétien pour leur annoncer son avènement au trône pontifical sous le nom d'Urbain IV, écrivant, en outre, en des termes plus particulièrement affectueux au roi de France, Louis IX, qui lui était cher autant par sa piété que parce qu'il régnait sur sa patrie et que son amitié pouvait le consoler dans ses tribulations trop prévues.

L'héritage politique d'Alexandre IV était, en effet, bien lourd à porter.

L'Italie était toujours agitée par les révolutions et les exactions des tyrans, particulièrement de Manfred, qui opprimait toujours la Sicile et avait lancé sur la Campanie une armée de sarrazins.

Contre lui et son royaume, Urbain, à peine élu, avait lancé l'anathème.

Cependant, les Napolitains, las de sa tyrannie, lui envoyèrent des ambassadeurs pour le conjurer de faire enfin sa paix avec le pape afin que l'interdit qui pesait sur eux fut levé et que l'exercice du culte leur fut rendu.

— Ce n'est pas moi, répondit Manfred, qui suis cause de cet état de guerre, mais le pape qui cherche à me dépouiller. Or, je ne veux pas être dépouillé. Mais, puisque mes bonnes gens de Naples désirent la fin de l'interdit, il est juste que je les satisfasse. Aussi je vais envoyer trois cents sarrazins qui mettront bon ordre à tout cela. Ils obligeront les prêtres à rendre au peuple les cérémonies du culte et les réfractaires, réguliers ou séculiers, seront pris et envoyés aux galères.

Les ambassadeurs, terrifiés, le supplièrent de n'en rien faire et s'en furent, tandis que Manfred, craignant que Naples se révoltât contre lui, envoya un de ses lieutenants pour parer à tout évènement.

Cependant, le comte de Flandre et l'armée pontificale se préparaient à marcher contre le tyran et ses troupes sarrazines.

Sur ces entrefaites, se passait un événement considérable en Orient.

C'était la chute de l'éphémère empire latin de Constantinople que les exploits d'un Baudoin avaient établi et qui allait finir avec un autre Baudoin.

Les grecs dépouillés par les croisés latins qui, au lieu d'aller délivrer Jérusalem des mains des Infidèles, avaient été s'emparer d'un trône chrétien, n'avaient pas perdu l'espoir de le reconquérir.

Une misère noire environnait ce trône usurpé. Baudoin IV qui déjà avait été réduit, pour se procurer de l'argent, à engager et à vendre pour des sommes insignifiantes jusqu'aux plus précieuses reliques de l'empire[1] en était arrivé à une telle pénurie, qu'on enlevait le plomb des toitures des édifices pour en faire une monnaie grossière et les charpentes pour alimenter les cuisines du palais.

L'empereur grec déchu, Paléologue, guettait l'occasion de s'emparer de Constantinople sa capitale. Les grecs en furent gagnés sans peine, massacrèrent, une nuit, les sentinelles latines et lui ouvrirent les portes de la ville.

Quand on s'aperçut de ce coup de main il n'était plus

(1) Notamment la couronne d'épines engagée à Venise et rachetée par Louis IX, comme nous l'avons narré en son lieu. Voir le vol. XXXV ; LE DERNIER CROISÉ.

temps, les quartiers latins étaient déjà la proie des flammes et Baudoin s'enfuyait, heureux de pouvoir gagner incognito le port où il s'embarqua pour l'Italie et vint à Rome où l'attendaient l'indifférence et le mépris.

C'en était fait de l'empire latin d'Orient. Mais ce glas était plus funèbre encore aux oreilles des hommes perspicaces.

Un noble grec, nommé Théodore, apprenant cette catastrophe, au fond de l'Asie où le retenait la maladie, s'écria :

— Voici la fin de la religion chrétienne en ce pays, la ruine des chrétientés de Syrie, et l'agonie même de l'empire grec qui croit imprudemment renaître à la vie! Ne voyez-vous pas que les empereurs, en transportant leur siège à Constantinople vont livrer l'Asie à ses seules forces pour se défendre contre les sarrazins qui, petit à petit, la soumettront tout entière. Et, je vous le dis, de là, ils passeront en Europe et y asseoiront pour longtemps leur domination.

Paléologue, qui était alors à Méteovios arrivait à marches forcées vers le Bosphore, à la nouvelle que Constantinople était tombée au pouvoir du césar Alexis. Bientôt il y entrait et y rétablissait l'ancien ordre de choses et le rite grec.

Il y recommençait aussi la série des crimes qui sont au fond de la politique des empires et entretiennent dans un éternel bain de sang la pourpre abhorrée des tyrans.

Si l'Orient était en proie à ces bouleversements avant-coureurs de sa ruine prochaine et définitive, l'Occident était loin d'en avoir fini avec ses convulsions.

La guerre, en cette année 1266, était le pain quotidien de la terre; partout le sol retentissait des pas des armées.

Pendant que Tartares et Sarrasins piétinaient la Syrie, l'Italie continuait à être dévastée, mais Charles d'Anjou allait bientôt monter sur le trône de Sicile; en Allemagne la division sévissait avec toute ses calamités.

Il fallait, au Nord et à l'Est de l'Europe, soutenir l'œuvre de la propagation du christianisme, et en même temps opposer une barrière constamment vigilante aux efforts envahisseurs des Tartares ; en Grèce, travailler sinon à relever l'empire latin, tâche impossible à réaliser, du moins à réunir l'Eglise grecque à l'Eglise romaine, tâche au moins aussi stérile en résultats depuis tant de siècles et pour bien d'autres siècles encore; en Syrie, opposer une résistance suprême aux Sarrazins et aux Tartares.

Telle était l'œuvre qu'envisageait Urbain IV.

Pour l'accomplir, il obtenait que le roi de Bohème soutint contre les idolâtres les églises naissantes des bords de la mer Baltique. Aux Tartares de la Russie, il opposait les forces du roi de Hongrie. Avec Paléologue, il négociait la réunion des deux Eglises; enfin il mettait tout en œuvre pour sauver les derniers restes de la chrétienté de Syrie et de Palestine, cette Terre-Sainte qui lui était si chère, contre les redoutables efforts de Bondocdari, sultan de Babylone et déjà vainqueur des Tartares.

Au milieu de tant de périls et de soucis et dans la troisième année de son pontificat, Urbain IV mourait à Pérouse, écrasé par le poids de cette tiare sur laquelle il semblait que piétinait l'univers.

V

LE DRAGON COMPRIMÉ.[1]

Urbain était endormi depuis cinq jours dans la paix du tombeau lorsque, le 8 octobre 1264, les cardinaux réunis en conclave élurent son successeur.

Cette fois encore, leurs suffrages venaient de se porter sur un absent.

C'était le cardinal Gui de Foulquois, évêque de Sabine, un Français comme le pape défunt Jacques Pantaléon.

Gui Foulquois était natif du Languedoc. De bonne heure, versé dans la science du droit il avait été appelé à la cour du roi Louis IX qui l'honorait de son amitié et de son estime. Il était alors laïc et marié et jouissait de la réputation d'un bon époux et d'un bon père de famille.

De bonne heure devenu veuf, Gui de Foulquois était entré dans les ordres et bientôt nommé évêque d'Annecy puis

(1) *Drago depressus;* c'est ainsi que S. Malachie caractérise le pontificat du successeur d'Urbain IV (1261-1264), Clément IV (1265-1269). Les armoiries d'Urbain IV (Guy le Gros), étaient : d'or à l'aigle éployée de sable, le bec contourné de même, sommé d'une fleur de lys et d'azur, et pressant dans ses serres un dragon de gueule en pointe. Clément IV, d'autre part, donna aux Guelfes ou partisans de la papauté contre les Gibelins césariens, la devise et le symbole du dragon renversé.

archevêque de Narbonne. Son propre père était mort chartreux, en odeur de sainteté.

Sa haute valeur et ses vertus portèrent son nom jusqu'à Rome; le pape Urbain IV le fit cardinal-évêque de Sabine et, ayant besoin d'un légat entendu en affaires pour aller en Angleterre rétablir la paix entre le roi et le comte de Montfort-Leicester, le choisit pour cette importante mission.

Gui Foulquois n'avait pas encore eu la possibilité de se mettre en route, lorsque les cardinaux réunis à Rome le choisirent pour succéder à Urbain.

Toutefois, ils convinrent de tenir secrète leur décision, estimant que le pape Urbain IV ayant confié une mission à Gui, celui-ci devait auparavant la remplir.

Cinq mois après cet événement, le légat d'Angleterre ayant accompli sa mission rejoignit à Pérouse la cour pontificale.

Les cardinaux, alors, se réunirent de nouveau le 5 février de l'année 1265 et d'une seule voix ratifièrent leur élection antérieure.

Le secret, toutefois, n'avait pas été si bien gardé que Gui n'en eut été averti, et c'était en grande partie avec la ferme intention de refuser la dignité suprême et le lourd fardeau qu'on voulait lui imposer qu'il était venu dans la péninsule.

— Je ne puis, dit-il à ses collègues, me rendre à votre vœu, non seulement je suis indigne d'une si haute dignité, mais mes faibles épaules ne sauraient porter cette charge écrasante.

— Vous êtes pape, lui dirent les cardinaux et nous ne reviendrons pas sur notre décision. Dieu vous appelle au gouvernement de l'Eglise, il ne vous est pas permis de vous dérober à votre devoir.

Quatre jours durant, Gui de Foulquois maintint énergiquement son opposition. A la fin, vaincu par les supplications et les larmes de ses collègues, il se soumit et accepta non sans une profonde tristesse de ceindre cette lourde et épineuse couronne.

Le 22 février, au milieu de la joie et des acclamations, il était solennellement couronné sous le nom de Clément IV et annonçait aussitôt son avènement au monde catholique en même temps qu'il prenait fermement entre ses mains le gouvernail de l'Eglise.

Si le nouveau pape était dans la tristesse, sa famille était dans l'allégresse et son neveu en particulier, Pierre Gros de Saint-Gilles, ne faisait pas mystère des espérances de gloire et de fortune que son ambition nourrissait grâce à l'élévation de son oncle à la première dignité du monde chrétien.

Trop souvent, hélas! dans le cours de l'histoire, on a vu et on verra les papes préoccupés d'enrichir leur famille et de l'élever au-dessus de tout par les actes d'un népotisme fécond en injustices et en troubles de toutes sortes dont l'Eglise était la première à souffrir aussi bien au point de vue spirituel qu'au point de vue temporel.

Gui de Foulquois ne devait pas être, à beaucoup près, un de ces papes.

A peine élu il écrivit à son neveu cette remarquable lettre :

« Pendant que mon élévation met tous les cœurs en joie, moi seul je considère sans aucune illusion l'énormité du fardeau qu'elle m'impose, si bien que ce qui est pour les autres un sujet d'allégresse est pour moi un sujet de craintes et de larmes.

» Quel fruit dois-tu retirer de la confidence que je te fais ici? Sache-le bien, je désire par là t'inspirer une humilité plus grande. De ce qui est pour moi le plus vif stimulant à l'humilité, mes parents ne doivent pas tirer un sujet d'orgueil alors surtout que les honneurs momentanés de ce monde passent et s'évaporent comme la rosée du matin.

» Il convient que ni toi, ni ton frère, ni aucun des nôtres ne veniez à la cour pontificale sans y être appelés par un ordre exprès. Si quelqu'un d'entre vous prenait sur lui d'enfreindre sur ce point ma volonté, je le renverrais avec la honte d'avoir été frustré dans ses espérances.

» Ne cherche pas, à la faveur de mon élévation, à marier ta sœur dans un rang social supérieur au sien ; ce faisant, tu me déplairais et t'aliénerais tout secours de ma part. Marie-la au fils d'un simple chevalier et je suis prêt, en ce cas, à te faire, pour sa dot, une subvention de trois cents livres tournois[1] d'argent ; mais si tu vises plus haut ne compte même pas sur un denier de ma bourse.

» Ce que je te dis là doit rester sous le sceau du plus strict secret entre nous et ta mère et toi devez seuls en avoir connaissance. Ma volonté ferme est qu'aucune personne de ma famille ne tire aucune vanité de mon élévation et que Cécile et Mabile aient les mêmes maris qu'elles eussent eus si je fusse demeuré simple clerc.

» Va voir aussi Gilia ; dis-lui qu'elle reste où elle est, près de Suse, menant une conduite irréprochable et gardant le respect de l'honnêteté même dans les apparences les plus insignifiantes. Qu'elle se garde bien de solliciter pour qui que ce soit ; des requêtes de cette sorte seraient inutiles pour les intéressées et ceux qui les auraient faites n'en tireraient que des désagréments. Surtout, s'il se trouvait quelqu'un qui lui offrît quelque présent pour un semblable motif, qu'elle repousse de telles offres ; les accepter ce serait perdre mon amitié et mes bonnes grâces.[2] »

(1) La monnaie tournoise était frappée à Tours et valait un cinquième en moins que la monnaie frappée à Paris. La livre tournois valait vingt sous tournois, le sou tournois valait douze deniers et le denier le tiers d'un liard. Trois cents livres valaient entre deux et trois cents francs de notre monnaie actuelle. C'était peut-être d'une rente et non d'un capital que Clément IV entendait faire don à sa nièce. En tout cas, cette générosité même en tenant compte de l'époque, n'était pas de nature à ruiner l'Eglise.

(2) Clément IV, *Epit.* II, 548.

Charles d'Anjou entra à Rome en triomphe. (P. 64.)

Tel était l'homme précieux que l'Eglise avait alors le bonheur d'avoir à sa tête et qui, dans le cours de son bref pontificat, ne devait pas démentir ces sentiments élevés.

De toutes parts surgirent des prétendants à la main de ses deux filles, Mabile et Cécile. Ignorant les intentions fermes du pontife, ils accouraient, alléchés par l'espoir d'une grosse dot et des honneurs qui, selon eux, ne manqueraient pas de leur échoir, s'ils étaient agréés.

Mais le pape leur fit à tous la même réponse.

— Ne vous faites pas d'illusions, mes filles ne sont pas riches, je vous le dis sans détour ni honte, car notre patrimoine est très modeste et c'est de cette seule source que peut venir leur petite dot, prenez donc le temps de réfléchir et de peser mûrement votre parti.

La réflexion est toujours chose salutaire et fait changer bien des résolutions. L'un après l'autre les prétendants s'éclipsèrent et ne revinrent pas, trouvant peu confortable une si honnête maison. Mabile et Cécile apprirent ainsi à juger à leur valeur les sentiments d'un monde qui leur montrait ainsi à découvert son vil égoïsme et, cette expérience faite, se consacrèrent à la vie religieuse et au véritable amour du divin Epoux.

L'homme austère qui entendait ainsi les affaires de sa famille devait étendre cette prudente et ferme sagesse au gouvernement même de l'Eglise.

Sa première préoccupation fut de continuer la lutte de ses prédécesseurs contre le tyran de Sicile, Manfred, et d'inciter Charles d'Anjou à prendre cette couronne pour le bien des peuples catholiques opprimés. Déjà, du temps où il n'était qu'évêque de Sabine il donnait ses soins à cette œuvre.

Il allait avoir la joie de la voir réaliser.

Quoique Manfred fit garder tous les passages des Alpes, écumer la mer, intercepter le littoral et même obstruer l'embouchure du Tibre avec des roches et des barrages,

Charles, triomphant de tous ces obstacles et même des tempêtes de la mer qui semblait de connivence occulte avec le tyran, arriva en vainqueur jusqu'à Rome où la population le reçut avec un indescriptible enthousiasme en l'acclamant du titre de sénateur de la ville éternelle.

Le jour de l'Epiphanie de l'an 1226 fut fixé pour le sacre du nouveau roi de Sicile. C'était l'évêque d'Abano qui devait, en cette circonstance, remplacer le pape alors à Pérouse et qui ne pouvait sans danger venir à Rome de même que Charles n'eut pu facilement se rendre à Pérouse.

Le sacre eut lieu; toutefois, le plus difficile n'était pas fait; être proclamé roi, c'est bien, mais être en possession de son trône, c'est mieux. Ce trône de Sicile, Charles allait être obligé de le conquérir à la pointe du glaive. Le besoin, d'ailleurs, allait exciter son ardeur; Charles était un prince sans argent et les coffres du pape eux-mêmes étaient vides, de nulle part on ne pouvait en espérer même pour nourrir les soldats; l'ennemi seul pouvait procurer ce dont on avait un si urgent besoin et, pour cela, il fallait aller le prendre.

Manfred, cependant, se montrait affolé, courant de ville en ville et ne parvenant pas à organiser efficacement sa défense.

Les Français s'élancent vers le cœur du royaume de Sicile, s'emparent de Coccha et de San-Germano, exterminent les garnisons Sarrazines et marchent sur Bénévent où était campée l'armée de Manfred.

— Reposons-nous un jour, dirent quelques-uns.

— Non, s'écria le connétable Gilon, mais, au contraire, engageons immédiatement la bataille, de peur d'enhardir l'ennemi. Quant à moi je l'engage tout de suite avec Robert et les Flamands, j'ai la plus entière confiance en Dieu dont nous sommes les défenseurs.

Pendant ce temps, Manfred, pour gagner du temps, avait

envoyé à Charles d'Anjou des ambassadeurs pour faire des ouvertures de paix.

— Dites au sultan de Lucérie, répondit Charles, qu'aujourd'hui même ou je le précipiterai dans les enfers, ou bien il m'élèvera au ciel!

Aussitôt la bataille s'engagea, terrible et quelque temps incertaine. Mais enfin la victoire resta à Charles qui extermina un grand nombre d'ennemis et poursuivit le reste jusque dans Bénèvent où ils furent faits prisonniers.

Manfred était au nombre des morts.

On était au 26 février de l'an 1266. Les Sarrassins eux-mêmes furent obligés de rendre leur plus forte place, la ville de Lucérie solidement fortifiée jadis par Frédéric II et renforcée encore par Manfred son bâtard, dans le but de l'opposer à Rome et d'y abriter tous les ennemis de la papauté.

La cour pontificale, à la faveur de ces événements, put se transporter de Pérouse à Viterbe. Déjà la plupart des villes qui obéissaient à Manfred se hâtaient de faire leur soumission au pape dans la crainte du vainqueur et toute l'Italie ressentit les effets de ces événements.

Heureux de ce triomphe, Clément IV n'en oublia pas pour cela les autres plaies de la chrétienté et n'en travailla qu'avec plus d'ardeur à les guérir.

Mais guérit-on de tels maux! La guerre a-t-elle jamais engendré autre chose que la guerre? La loi des choses, la loi fatale ne veut-elle pas que toute action soit suivie d'une réaction de même nature?

Deux grands partis étaient en présence sous les armes temporelles et pour des siècles, les Guelfes et les Gibelins.

Les Guelfes étaient les partisans de la Papauté armée pour les guerres de la terre derrière lesquelles elle abritait les espérances du royaume du ciel; les Gibelins étaient les soldats du césarisme armé pour les guerres de la puissance terrestre, derrière lesquelles lui aussi abritait quelque chose, l'espoir de son affranchissement de l'autorité spirituelle.

Cette lutte, commencée depuis des siècles, durera des siècles et des siècles encore sous toutes les formes et Dieu seul sait quand elle finira.

Pour le moment, en cette année 1267, une formidable conjuration s'organise, étendant ses ramifications depuis l'Allemagne jusqu'en Sicile. A sa tête est Conradin, neveu de l'empereur Frédéric II. Ce jeune prince, âgé de seize ans, réclame le trône de Sicile dont il se prétend le souverain légitime par droit héréditaire et se prépare à venir s'en saisir à la tête de ses armées.

Clément IV aussitôt le somme de comparaître à la barre du Saint-Siège et lui enjoint de venir à jour fixe discuter son droit selon l'équité et non par la force armée.

Conradin fait défaut, et Clément lance contre lui l'anathème au milieu d'un immense concours de peuple assemblé dans la cathédrale de Viterbe.

— Les foudres du pape ne me font pas peur, s'écria Conradin. Je reprendrai le trône que l'on m'a volé. Mort aux Guelfes!

Clément donna les pouvoirs les plus étendus à Charles d'Anjou et ordonna aux Guelfes de se concerter avec lui. La Toscane presque entière se soumit à Charles qui ravagea les villes qui ne voulurent pas marcher avec lui.

Mais, pendant ce temps-là, profitant de son absence, la Sicile se révolta et appela, à son aide une armée de Maures qui accourut sans coup férir. D'autre part, Rome était en proie à toutes les discordes. La trahison et la guerre civile étaient partout et l'épée de Charles d'Anjou était aussi impuissante que les foudres du pape.

A la faveur de cette guerre civile entre les deux partis, Guelfe et Gibelin, toutes les haines privées se donnèrent un libre cours et l'on vit sans horreur, tant cela était une chose ordinaire, le père chercher la mort du fils et le fils chercher la mort du père.[1]

Conradin parcourait l'Italie avec la jactance d'un vainqueur. Comme il passait en vue de Viterbe où était alors le pape, pour insulter à son impuissance et à sa détresse il fit ranger son armée en ordre imposant de bataille pour la passer en revue.

— Nous sommes perdus! disaient, frappés de terreur, ceux qui entouraient le pape.

— Pourquoi craindre, répondit Clément d'un air inspiré; tout cet appareil s'évanouira comme de la fumée.

Et quand il vit passer dans leurs armures brillantes Conradin et Frédéric d'Autriche, il ajouta :

— C'est sur ces égarés qu'il faut plutôt gémir comme sur des victimes parées pour le sacrifice.

Clément IV, d'ailleurs, était en sûreté. Viterbe était forte et le pape y avait massé toute une armée dans le but, croyait-on, d'aller s'emparer de Rome, livrée au parti des Gibelins par Henri, frère du roi de Castille, que Charles d'Anjou avait envoyé dans la ville éternelle précisément pour la pacifier et la rendre au pape.

Charles d'Anjou, cependant, devait triompher et le pape avec lui. A la bataille de Tagliacozzo, Henri de Castille et Conradin furent taillés en pièces et faits prisonniers à la merci du vainqueur.

Celui-ci, toutefois, ternit sa gloire d'une tache ineffaçable. Il livra au bourreau son ennemi vaincu et tombé dans les fers.

Conradin monta sur l'échafaud, mais, avant d'incliner sa tête sous la hache, le jeune et infortuné prince prit son gant et le jeta dans la foule comme un signe de défi suprême et d'appel à la vengeance.

(1. Clément IV, *Ep.* III, 56, 57.

Un inconnu ramassa le gant et s'en fut. La vengeance allait couver quinze ans avant d'éclater.

La tête de Conradin ne fut d'ailleurs pas la seule qui tomba ce jour-là, 24 octobre 1268, sur la place publique de Naples et par les ordres du vainqueur.

Charles d'Anjou entra à Rome en triomphe avant de s'en retourner dans la Pouille. La rébellion était vaincue sur tous les points et son autorité royale établie.

Mais l'homme capable de livrer au bourreau un ennemi vaincu sur le champ de bataille, se révélait par là capable d'autres infamies encore.

Au lieu de se reposer dans sa victoire, Charles d'Anjou se mit à exercer dans tout le royaume de Sicile et principalement dans l'île et dans les Abruzzes d'odieuses et sanglantes représailles, envenimant ainsi les plaies de la guerre civile au lieu de les cicatriser. Il fit plus encore; il lâcha la bride à la licence de la soldatesque basse et de la vile racaille des flatteurs et des fonctionnaires, et de ce tas d'êtres hybrides moitié hommes, moitié animaux, qui ne voient dans le triomphe d'une cause que le moyen de satisfaire leurs haines et leurs convoitises par la délation et toutes sortes d'oppressions sous prétextes administratifs ou policiers.

Tel était l'homme que le pape avait appelé à l'œuvre sous le nom de défenseur de l'Eglise et de pacificateur des peuples!

— Prenez garde, lui dit Clément IV, outré de sa conduite, prenez garde et entendez-moi bien; vous marchez à votre perte et c'est un abîme que votre conduite odieuse va creuser autour de votre trône à peine affermi.

Charles demeura sourd aux paroles indignées du pontife. Mais l'avenir était là pour les vérifier, l'avenir, ce justicier rigoureux et implacable du passé.

Le saint empire romain d'Occident, n'avait plus de titulaire depuis Frédéric II et les compétiteurs à cette couronne que le pape seul pouvait donner ne manquaient pas. Alphonse de Castille et Richard d'Angleterre notamment étaient sur les rangs et les princes allemands de leur côté pressaient le pape de trancher cette grave question à laquelle étaient attachées des espérances de paix.

Clément IV allait mourir sans avoir pu terminer le débat, après trois ans et dix mois d'un pontificat supporté sans défaillance.

On était au mois de décembre de l'an 1268. Le monde chrétien était dans un tel état de troubles que pendant deux ans le siège de Saint-Pierre va rester inoccupé.

Pendant ce temps-là, Charles d'Anjou achèvera d'écraser les Sarrasins dans son royaume et les Gibelins seront réduits à l'impuissance. Le roi de Sicile enivré par ses succès tournera ses ambitions vers l'Orient et rêvera d'aller restaurer à Constantinople l'empire latin à la faveur de la croisade que préparait son frère Louis IX.

Mais l'année 1270 allait apporter de grandes calamités aux peuples et aux rois. Cette année allait voir des famines, des hérésies, des funérailles de toutes sortes et le retour d'Orient des derniers croisés ne rapportant de ces pays inutilement inondés tant de fois du sang chrétien, que les ossements de Louis IX et la certitude d'une impuissance à jamais démontrée.[1]

(1) Voir le vol. XXXV : LE DERNIER CROISÉ.

VI

L'HOMME SERPENT.[1]

Il y avait deux ans et neuf mois que Clément IV dormait dans sa tombe et les cardinaux toujours divisés entre eux n'étaient pas encore parvenus à s'entendre pour lui choisir un successeur.

Enfin, sous la pression des rois de France et de Sicile, quinze d'entre eux réunis acceptèrent d'en choisir six auxquels ils donneraient plein pouvoir pour trancher le débat qui menaçait de ne pas finir.

Le 1er septembre 1271, le nouveau pape était choisi. C'était Théald Visconti.

Théald avait une histoire plutôt pénible. Issu d'une des plus nobles familles de Plaisance, il avait été chanoine à Lyon et s'y était montré détaché des biens de ce monde et plein de charité pour les pauvres, vertueux et en même

(1) *Anguineus vir*, dit la prophétie de S. Malachie à propos du successeur de Clément IV, Grégoire X (Théobald Visconti) (1271-1276). La famille Visconti portait, dans ses armoiries, d'argent à une couleuvre ondoyante en pal d'azur couronnée d'or engloutissant un enfant de carnation posé en fasce, les bras étendus, selon plusieurs historiens. Ce pape fut un homme sage et prudent, il fut aussi un souple politicien, non sans succès. Clément XI le béatifia en 1713.

temps, d'une grande habileté dans la conduite des affaires.

Déjà, lorsqu'il n'était qu'étudiant à l'université de Paris, Louis IX l'avait distingué et honoré de son amitié royale.

Réconcilier les ennemis semblait sa tâche favorite et la vie publique de Théald fut pleine de ses efforts pour travailler à l'extinction du schisme grec et adoucir les haines qui divisaient les Guelfes et les Gibelins. Son rêve, issu de la politique des pontifes de son siècle, était l'union de toutes les forces de l'Europe chrétienne contre les Musulmans.

Plus tard, il avait été nommé archidiacre de l'Eglise de Liège. Mais là, l'attendait la tribulation. Loin d'être apprécié par son évêque, il en avait souffert une telle disgrâce qu'il avait dû venir à Rome, pour se disculper des calomnies dont on le noircissait et plaider lui-même sa cause.

Il n'avait pas eu de peine, d'ailleurs, à démontrer son innocence et on lui avait offert le siège épiscopal de Plaisance sa ville natale.

— Non, avait répondu Théald, je veux aller en Terre-Sainte travailler à la délivrance des saints lieux.

Aussitôt approuvé, il était allé à Brindes pour s'embarquer malgré la nouvelle qui venait d'arriver de la mort de Louis IX.

Peu de temps après, Théald arrivait au camp des croisés que commandait Edouard d'Angleterre.

C'était à Saint-Jean d'Acre que la nouvelle de son élection au trône pontifical était venue l'atteindre en même temps que des lettres le suppliant de hâter son retour en Europe, dont le roi d'Angleterre voulut payer les frais.

Ce fut Charles d'Anjou qui le reçut à son débarquement à Brindes et le conduisit à Viterbe en attendant qu'il allât à Rome pour y être sacré le 28 mars 1272.

C'est à la Palestine que va d'abord tout entier l'amour de Grégoire X. Lui aussi, poursuivra ardemment le rêve hélas! illusoire, de l'affranchissement de cette terre auguste,

Toutefois, il ne néglige pas, tant s'en faut, les autres soucis qui s'imposent à son pontificat, la réunion des deux Eglises Grecque et Latine, rêve aussi illusoire que celui d'arracher aux Sarrasins le royaume de Jérusalem; puis la pacification de l'Europe chrétienne.

Pour mener à bien cette œuvre complexe et ardue, Grégoire lance nne encyclique le 30 mars 1272 pour fixer au 1er mai 1274 la réunion à Lyon d'un concile œcumique où l'on traiterait les deux plus graves questions de l'époque, celle de la Terre-Sainte et celle du Schisme grec, convoquant les rois et les princes, surtout le roi de France Philippe, à venir rehausser par leur présence la majesté de cette assemblée.[1]

En même temps, Grégoire envoyait à l'empereur grec Michel Paléologue, quatre franciscains, Jérôme d'Esculo, Raymond Berenger, Bonnegrâce de Persécetos et Bonaventure de Mugello, pour renouer les négociations entamées à ce sujet par Clément IV et inviter le patriarche grec à venir lui-même avec ses principaux évêques assister au Concile.

Grégoire, du reste, avait une arrière pensée dont le caractère peu évangélique ne fait pas regretter l'abandon. Il songeait à convertir de force les Grecs en les menaçant d'une croisade latine contre leur empire.[2]

Assurément, les Grecs n'eussent pas été en état de résister à une croisade latine, mais pour cela il eut fallu que les latins fussent capables de faire une croisade. L'effroyable esprit de division qui régnait dans le monde latin ne laissait à cette idée aucune chance de succès, heureusement, sans doute, pour l'honneur du nom chrétien, car, vraiment, les chrétiens d'alors avaient assez à faire de combattre leurs vices et leur dégradation intime, leurs

(1) Grégoire X. *Ep. I.*
(2) Bareille, *Hist. de l'Eglise.*

discordes et leur anarchie, de se défendre contre les Infidèles Sarrazins et Tartares qui les menaçaient d'un déluge de sang, que d'aller faire la guerre à leurs propres frères pour une question d'orthodoxie.

Il est vrai qu'il y avait des princes intéressés à relever cet empire latin de Constantinople et prêts à invoquer pour cela des prétextes de foi, mêlant ainsi à la cause de leurs passions humaines un Evangile divin dont ils étaient la destruction et la négation vivantes.

Charles d'Anjou faisait de grands préparatifs pour rétablir, sur le trône latin de Constantinople, Philippe le fils aîné de Baudouin II et son gendre, mais Paléologue se méfiera et il détournera le danger, en amenant à prix d'or, en Sicile, une invasion de Pierre d'Aragon.

Etrange destinée que celle de la Papauté, dont les plus héroïques efforts pour amener la paix n'aboutissaient, en fin de compte, en ces temps affreux, qu'à entretenir et à compliquer la guerre, aussi bien en Orient qu'en Occident! Etranges desseins, aussi, de la Providence, desseins d'une obscurité affreuse que l'avenir seul éclaircira, mais dans un temps si lointain que la poussière même de ces générations ne pourra plus se distinguer de celle des chemins parcourus par l'humanité chrétienne, dans les voies douloureuses de l'Agneau.

La ville de Lyon n'avait pas été choisie au hasard, pour la convocation de ce grand concile, qui n'eut pu être tenu en sécurité nulle part ailleurs. Ce choix même comportait de grands dangerr.

Il fut fait cependant, parce que le dernier concile œcuménique y avait trouvé un asile respecté et ensuite, parce que l'objet principal de celui-ci étant d'envoyer des secours à la Terre-Sainte, Lyon était leur meilleur centre d'appel.

Les difficultés et les frais d'une pareille assemblée étaient grands à une époque où les déplacements étaient si difficiles et si coûteux. Grégoire éluda en partie les difficultés. Il décréta qu'un seul abbé par diocèse, serait délégué au concile par sa province et étendit cette mesure à toutes les églises qui n'étaient pas cathédrales. Tous les rois et princes y étaient invités par un pressant appel. Le roi et le patriarche d'Arménie furent priés d'y apporter le texte complet des actes du concile de Nicée en langue arménienne et des autres synodes de leur Eglise avec d'habiles interprètes. L'empereur grec Paléologue et ses évêques y furent appelés et telles étaient les illusions de ce temps, qu'on alla jusqu'à y inviter les Tartares afin d'y préparer la conversion de toute leur race.[1]

Le concile devait aussi élire un empereur d'Occident au trône vacant du Saint-Empire Romain. L'un des deux compétiteurs, Richard d'Angleterre, était mort et maintenant c'était Rodolphe de Habsbourg qui était sur les rangs avec Alphonse de Castille.

Les évêques étaient invités à rédiger des cahiers contenant les vœux à soumettre à l'assemblée. Le plus remarquable de ces cahiers fut celui d'Humbert de Romanis, général des Dominicains qui dénonçait la corruption électorale dans l'Eglise et dans l'Etat. D'autres portaient des vœux de réformes urgentes de l'Eglise et des couvents, d'autres les mesures à prendre contre les Juifs, les hérétiques et les Infidèles.

A cette époque brillait, en Occident, une intellectualité chrétienne supérieure dont les plus grands flambeaux étaient les Albert-le-Grand, les Thomas d'Aquin, les Bonaventure.[2] Ces trois grands hommes furent appelés au concile comme

(1) Bareille, *Hist. de l'Eglise.* — Nous avons raconté dans le vol. XXXV, LE DERNIER CROISÉ, quelles furent aussi les naïves illusions de Louis IX à cet égard et les malheurs que causa cette idée si dénuée de sens pratique.

(2) Nous avons exposé toute cette brillante période dans le vol. XXXVI, L'ANGE DE L'ECOLE.

des lumières; tous trois, hélas! devaient s'éteindre avant que le concile fut clos, comme si la mort leur eut donné rendez-vous au même endroit et en même temps.

Grégoire lui-même, à peine en route, tomba malade.

Ce fut ainsi qu'après un pénible voyage, le vieux pontife arriva à Lyon au milieu de l'hiver, mais l'âme intrépide dans un corps délabré.

Enfin, s'ouvrit l'imposante assemblée, en 1274, la troisième année du pontificat de Grégoire X, en présence de cinq cents évêques, de soixante-dix abbés et de mille autres ecclésiastiques de tout rang. Cent cinquante mille étrangers étaient à Lyon à la suite de personnages de toute sorte.

Ce fut dans l'église primatiale de Saint-Jean qu'eurent lieu les six sessions du concile, le 1er et le 18 mai, le 7 et le 23 juin, le 6 et le 17 juillet.

Tout d'abord, Grégoire, tranchant la question de l'empire, choisit Rodolphe de Habsbourg pour la couronne romaine d'Occident et renvoya avec une réponse négative les ambassadeurs d'Alphonse de Castille. Comme toujours, le résultat de ce choix allait être non la paix mais le trouble. En même temps que Rodolphe et ses partisans se déclaraient satisfaits, Alphonse et les siens se proclamaient lésés. De cette double compétition, quoique tranchée, sortiront de nouvelles luttes acharnées, qui ajouteront au chaos politique de l'Europe.

Quoiqu'ils se fussent fait attendre, les évêques grecs, ambassadeurs de Michel Paléologue, étaient arrivés.

Ils s'abstinrent de parler des questions politiques relatives aux revendications latines sur le trône de Constantinople récupéré par Michel, quoique celui-ci en eût entretenu jadis Urbain IV et Clément IV qui n'avaient pas voulu s'en mêler. Ils craignaient peut-être maintenant que Grégoire X s'en mêlât trop.

Laissant donc cette question brûlante délibérément de côté, ils firent savoir au Concile que Michel avait fait les plus grands efforts dans son empire, pour la réunion des deux Eglises, malgré de grandes résistances de la part du patriarche Joseph et de plusieurs métropolitains.

Ceux-ci, sans doute, voyaient que cette résolution prise par l'empereur avait des dessous plus politiques que religieux. Fidèle aux traditions de l'astucieuse politique Byzantine, Michel, probablement, n'avait pas trouvé de meilleur moyen de garantir sa couronne contre les revendications des compétiteurs latins qui l'avaient un instant conquise et possédée ; il craignait que le pape organisât contre lui une croisade et sachant combien Rome poursuivait avec ardeur, de siècle en siècle, l'unification des deux Eglises séparées, il avait vu dans cette réunion, une garantie de paix pour son règne et de stabilité pour son trône.

Malgré les oppositions violentes il avait fini par obtenir l'assentiment des principaux évêques grecs, au nombre de trente-six, et la retraite du patriarche Joseph dans un monastère.

Michel ne s'était pas trompé et le concile donna raison à ses prévisions. Le pape accueillit avec joie le retour de l'Eglise grecque à l'Eglise latine, donna les ordres et les conseils les plus précis pour la conversion des obstinés et enfin, ce qui faisait surtout l'affaire de Michel Paléologue, il envoya en Orient l'abbé du Mont Cassin, pour ménager une réconciliation entre lui et ceux qui revendiquaient des droits à son trône, Philippe et Charles roi de Sicile, dont les armées étaient prêtes à traverser la mer pour des représailles.

Un avenir très prochain allait montrer l'inanité de cette prétendue conversion des grecs qui, une fois de plus, venaient de se moquer des latins.

On vit encore au Concile de Lyon, une chose plus extraordinaire : une ambassade de Tartares venue pour proposer aux chrétiens une alliance offensive contre les Musulmans.

C'était Abagha, roi de Perse, qui les avait envoyés dans

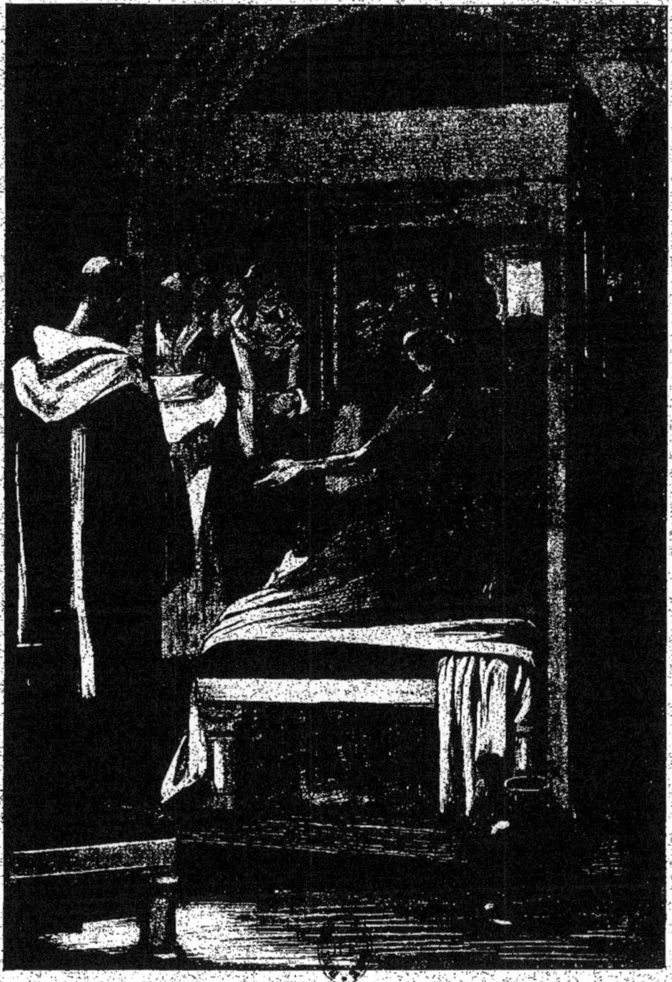

Plût à Dieu que vous fussiez venu annoncer cela à un cardinal en bonne santé et non à un Pape mourant. (P. 83.)

une grande extrémité. Lui aussi voyait son trône menacé; la trahison d'un de ses grands officiers avait livré ses places les plus fortes aux mulsumans qui avaient tout exterminé sur leur passage.

Abagha, il est vrai, avait vaillamment riposté. Vainqueur, il avait fait prisonniers le traître et ses complices qui, selon la coutume, avaient été traités comme des animaux de boucherie, fendus en deux de la tête aux pieds, rôtis et servis sur la table du roi qui en avait mangé en compagnie de tous les grands de sa cour.[1]

Mais cela n'empêchait pas l'état de guerre et l'infériorité possible du roi persan, au contraire; aussi avait-il trouvé naturel de s'allier aux chrétiens contre un ennemi commun et ses ambassadeurs eurent ordre de ne rien négliger pour conclure le traité.

On profita de la circonstance pour baptiser ces païens que Grégoire renvoya chargés de présents et porteurs d'une lettre, dans laquelle le pape exhortait leur roi à se faire chrétien en attendant qu'il lui envoyât une ambassade, avant le départ projeté d'une croisade d'Occident en Syrie.

Les chrétiens, du reste, avaient autant besoin des Tartares en Orient que les Tartares avaient besoin des chrétiens.

Enfin Grégoire X voulut que le concile prît des mesures énergiques pour garantir à l'avenir les élections pontificales contre les dissensions des cardinaux électeurs et prévenir les dangers de la vacance trop longue du siège pontifical.

Plusieurs de ses prédécesseurs, d'ailleurs, avaient déjà inutilement essayé de régler cette grave et complexe question.

Le règlement proposé par Grégoire était court et net : A la mort du pape les cardinaux devraient attendre pendant dix jours, l'arrivée possible de leurs collègues électeurs.

(1) Bareille, *Hist. de l'Eglise.*

Passé ce délai et nonobstant toute autre considération, qu'il fut arrivé ou non des cardinaux de l'extérieur, ceux qui seraient là devraient se réunir en conclave secret dans une salle ne communiquant avec le dehors que par un guichet destiné à leur faire passer leur nourriture que leur servirait l'unique domestique clerc ou laïc auquel ils auraient droit pendant le temps de l'élection.

Anathème à tout cardinal qui, pendant la durée du conclave s'entretiendrait avec qui que ce fut du dehors ou recevrait et enverrait même une seule lettre.

Si, au bout de trois jours l'élection n'est pas un fait accompli, leur nourriture sera restreinte à un seul plat et cela jusqu'au cinquième jour.

Si au bout de ces huit jours, l'élection n'est pas faite, ils seront réduits comme nourriture au pain sec avec du vin et de l'eau.

De plus, pendant toute la durée du conclave, aucun cardinal électeur ne touchera rien de son traitement ordinaire sur le trésor pontifical, ni de ses revenus ecclésiastiques. De cette mesure étaient défalqués les dix jours qui suivraient la mort du feu pape.

Quand Grégoire lut aux cardinaux ce sévère programme, tous protestèrent à l'envi. Le pape les congédia et fit la même lecture, en leur absence, aux pères des conciles convoqués à cet effet, mais non si secrètement que les cardinaux n'eussent déjà tenté de les gagner à leur cause.

Les délibérations étaient sur le point de tourner au tumulte, lorsque Grégoire s'écria :

— De par notre autorité et notre pouvoir apostolique, nous frapperons d'anathème quiconque, évêque ou cardinal, trahira le secret des délibérations de ce concile et cabalera contre nos volontés.

Ainsi fut voté ce sévère règlement contre lequel tous s'étaient mis d'abord en opposition.

Ce fut sur ces entrefaites que Bonaventure mourait à Lyon où il était venu assister au concile, tandis que Thomas d'Aquin, en route pour s'y rendre, mourait lui-même en Campanie, au monastère de Fossa-Nuova où la maladie l'avait obligé à s'arrêter.[1]

Ce fut un deuil immense et l'on fit à Bonaventure des funérailles vraiment inouïes et royales.

Enfin, avant de se séparer, le concile s'occupa de son objet principal, une nouvelle croisade.

La prédication en fut confiée au cardinal Simon, du titre de sainte Cécile. Les Dominicains, les Franciscains, les prélats et les clercs renommés pour leur éloquence furent invités à populariser l'entreprise; l'épiscopat et le clergé du monde entier reçurent l'ordre de leur prêter le plus actif concours. Tous les peuples catholiques étaient invités à se lever en armes, spécialement la France. Quant aux frais de l'entreprise, le concile décida que l'on y subviendrait en prélevant pendant six ans le dixième des revenus ecclésiastiques à cet effet.

Mais la pensée de l'Europe était alors bien détachée des croisades et, du reste, avant de songer à les faire revivre, il fallait, on le savait bien d'ailleurs, réussir à placer à leur tête le futur empereur d'Occident; pour cela il fallait qu'il y eût vraiment un empereur d'Occident et il n'y avait encore que deux compétiteurs à cette couronne, l'un heureux l'autre malheureux et prêts à s'entre dévorer pour sa possession non par le droit mais par la force.

Du moins, l'Eglise avait donné au monde le spectacle d'un des plus imposants conciles qu'il eut jamais vu.

(1) S. Bonaventure mourut le 14 juillet 1274 et S. Thomas d'Aquin le 7 mars de la même année. S. Bonaventure était cardinal-évêque d'Albano depuis peu de temps, S. Thomas avait toujours refusé énergiquement tous les honneurs. Voir notre XXXVIe vol. L'ANGE DE L'ECOLE.

VII

L'ANNÉE FUNÈBRE.

En ce temps-là, la guerre était la grande occupation du monde et il faudra des siècles et des siècles avant que la terre comprenne la valeur inestimable de la paix, si, toutefois, la race à demi animale d'hommes qui s'entretue encore sur sa surface est jamais capable de s'élever jusqu'à cette conception qui paraît au-dessus de sa mentalité empoisonnée par tous les relents de l'enfer.

On n'entend qu'un bruit sur le sol, c'est le bruit des armées en marche; et les sages et les philosophes, tapis dans leurs retraites silencieuses et solitaires, absorbés dans la méditation ou la contemplation de vérités sublimes que le monde ne saurait comprendre ni même concevoir et qu'il appelle des scandales, demandent vainement à Dieu quand se terminera l'infernale ronde de toutes ces incarnations du mal.

La pensée de l'Eglise veille seule sur les tempêtes de cet enfer, frêle lueur de bénédiction que n'éteindra point l'ouragan. Elle parfume la douleur des peuples égorgés dont le sang coule à flots; elle endort les sanglots de la vie, berce le hoquet des agonies; comme l'ange du sauvetage des âmes, elle tient, d'une main, au-dessus des vagues sanglantes de cette mer en furie, le flambeau de la foi, de l'autre, le calice de bénédiction, et de son cœur où palpite toujours, l'espérance, sort la strophe consolante et eucharistique.

Dedit fragilibus
Corporis ferculum;
Dedit et tristibus
Sanguinis poculum,
Dicens, accipite
Quod trado vasculum;
Omnes ex eo bibite!

« A ceux qui tombent de fatigue, il a donné à manger sa chair vivifiante; à ceux que la misère accable, il a donné à boire son sang consolateur; à tous il a dit : prenez ce plat et ce calice, je vous les offre afin que vous y participiez tous![1] »

Jamais les peuples n'avaient eu plus besoin de ces consolations, peut-être!...

Maintenant, la lutte était engagée autour de la couronne du saint Empire. Rodolphe, assurément, avait réuni les suffrages de tous les grands électeurs de l'Empire, mais il lui en manquait un; celui du roi de Bohême, Othocar, qui avait, pendant la vacance de ce trône, étendu sa puissance au loin dans la Germanie et était devenu capable à lui seul de tenir tête à tous les autres princes germains réunis.

Or, Othocar était le champion d'Alphonse de Castille et Alphonse de Castille prétendait que son droit à la couronne du Saint-Empire étant antérieur à celui de Rodolphe qui n'était venu sur les rangs qu'après le décès de son co-compé-

(1) Hymne de S. Thomas d'Aquin : *Sacris solemniis*. C'est à cette époque que fut instituée la fête du Saint Sacrement, dont ce merveilleux docteur composa le magnifique office. V. notre vol. XXXVI, L'ANGE DE L'ÉCOLE.

titeur, Richard d'Angleterre, l'élection de Rodolphe était inique et devait être annulée à son profit.

Telle était la dispute qui pouvait déchaîner sur l'Europe une conflagration générale.

De plus, l'Italie, hostile à Rodolphe, n'avait de sympathies que pour Alphonse.

Déjà Rodolphe avait été couronné à Aix-la-Chapelle et il lui restait à aller recevoir l'onction du sacre, à Rome. Cette dernière partie du programme était la plus difficile à accomplir. C'était le jour de la Toussaint 1275 qui avait été choisi pour cette cérémonie. Choix inutile.

Toute la politique de Grégoire X va tourner ses efforts vers l'apaisement de l'imminente tempête prête à se déchaîner sur l'Europe qui avait déjà bien assez de l'état de guerre perpétuelle dans lequel elle se trouvait et qu'entretenait chaque déplacement d'un souverain toujours accompagné de ses armées.

Rien ne fut négligé par le pape pour obtenir le désistement d'Alphonse et de son redoutable allié, Othocar.

Alphonse de Castille ne voulait pas renoncer à ses prétentions et se faisait fort de faire entendre lui-même raison au pape. Il mit ordre aux affaires de son royaume et vint en France trouver Grégoire X à Beaucaire.

Là il exposa toutes ses prétentions à l'empire et voyant le pape inflexible étala tous ses griefs contre Rodolphe de Habsbourg. Pendant ce temps-là le roi de France se précipite sur la Navarre et Alphonse, irrité à la fois contre le pape et contre le roi de France, rentre précipitamment dans ses états en proclament bien haut et en faisant savoir aux princes confédérés d'Allemagne qu'il n'entendait pas renoncer à ses droits.

De son côté, Othocar se montrait inflexible et il criait bien haut que le zèle excessif du pape pour Rodolphe lui était dicté par la haine implacable qu'il nourrissait contre lui-même.

Grégoire, pendant ce temps-là, organisait son départ pour l'Italie. En octobre, il arrivait à Lausanne, bientôt suivi par Rodolphe qui lança l'édit impérial d'usage confirmant et ratifiant tous les privilèges de l'Eglise Romaine.

Au mois de janvier, Grégoire est à Arezzo. Il n'ira pas plus loin, la mort est là et elle l'attend. En quelques jours la maladie fait son œuvre, Grégoire X expire et avec lui s'évanouissent comme de la fumée tous les rêves de son pontificat.

Les rois de France, d'Angleterre, de Sicile et d'Aragon, qui s'étaient engagés à aller à sa suite et à la suite de l'empereur arracher la Terre-Sainte aux infidèles avec le concours de presque tous les autres princes de la chrétienté, changèrent aussitôt d'avis. Les Grecs se hâtèrent de renier leur accord avec l'Eglise Latine et revinrent à leur schisme et le monde catholique retomba dans le chaos des plus noires dissensions intestines. Pendant ce temps-là, en Orient, les Musulmans tombaient comme la grêle sur les chrétiens d'Arménie dont ils faisaient une colossale hécatombe, passant au fil de l'épée deux cent mille habitants de ce malheureux royaume, traînant en captivité dix mille jeunes gens des deux sexes et emmenant jusqu'à trois cent mille têtes de bétail.

La dépouille mortelle de Grégoire X était déposée dans l'église de Saint-Pierre d'Arezzo.[1] Il avait régné quatre ans, quatre mois et dix jours.

La fatale année 1276 allait voir quatre pontifes passer comme autant de rapides éclairs sur la chaire de Saint-Pierre.

A Arezzo même, le sacré collège se réunit, conformément à la constitution de Grégoire, et le 21 janvier 1276, c'est-à-dire le premier jour même de leur conclave, élurent sous

(1) Elle y est encore. Grégoire X fut béatifié par Urbain VII à la prière de Ferdinand II de Toscane.

le nom d'Innocent V le bourguignon Pierre de Tarentaise.[1]

Dominicain et élève de Thomas d'Aquin, il avait été fait par Grégoire X, archevêque de Lyon puis cardinal évêque d'Ostie.

Il voulut aller recevoir la tiare à Rome même et manifesta l'intention de reprendre entièrement la politique de Grégoire.

Quelques jours après son élection il fut sacré solennellement dans la basilique de Saint-Pierre et prit possession du Latran. Il venait de rappeler à Michel Paléologue ses promesses et de défendre à Rodolphe de venir en Italie se faire sacrer empereur avant d'avoir fait la paix avec Charles roi de Sicile, dans la crainte de voir les Guelfes et les Gibelins se livrer à cette occasion de sanglantes batailles; de plus, il faisait de grands projets politiques pour la défense et l'accroissement de la chrétienté, lorsque subitement la mort le toucha de son doigt glacé et, le 22 juin 1276, après cinq mois et deux jours de règne, il allait dormir son dernier sommeil sous les dalles de la basilique du Latran.

Dix-sept jours après cet événement, le 9 juillet 1276, les cardinaux saluaient pape sous le nom d'Adrien V un moribond déjà agonisant, le cardinal-diacre Othobon.[2]

Othobon appartenait à l'une des plus nobles familles de la Ligurie génoise; celle des Flisci. Par son père Théodise, il était le neveu du pape Innocent IV qui l'avait fait cardinal-diacre du titre de Saint-Adrien. Clément IV lui avait confié

(1) *Concionator gallus*, dit la prophétie de S. Malachie. Le mot *gallus* signifie Français et coq; le mot *concionator* signifie harangueur qui flatte son auditoire. La Tarentaise ne faisait pas alors partie de la France. Pierre était un éloquent prédicateur et appartenait à l'Ordre des Dominicains ou Frères Prêcheurs. La Tarentaise avait, du reste, fait partie de l'ancienne Gaule, et Pierre non seulement parlait la langue française, mais avait exercé son ministère en France.

(2) *Bonus Comes*, dit S. Malachie, ce qui signifie bon compagnon. C'est lui qui disait ne pouvoir faire à son pire ennemi de plus mauvais souhait que d'être élu pape, de telles dignités n'étant que des gibets dressés exprès pour crucifier les hommes, ajoutait-il.

la mission de réconcilier le roi d'Angleterre avec sa noblesse. C'était un homme d'Etat.

Quand on vint lui apprendre le choix dont il était l'objet il se souleva sur son lit péniblement et dit :

— Plut à Dieu que vous fussiez venu annoncer cela à un cardinal en bonne santé et non à un pape mourant.

Néanmoins, il fit des projets de règne et l'un d'eux était d'abroger la sévère constitution élaboré par Grégoire X au sujet des conclaves.

Le 28 août 1276, la mort l'enlevait après quarante jours à peine de règne, si l'on peut ainsi dire puisqu'il ne put même recevoir les ordres préliminaires au pontificat, le sacerdoce et l'épiscopat.

Les cardinaux ne s'étaient pas fait faute de publier que le nouveau pape Adrien avait abrogé par intention la constitution de Grégoire qui les traitait si durement. Ils espéraient ainsi s'en affranchir et y gagner du temps tout en n'y perdant ni leurs aises, ni leur argent.

Mais mal leur en prit; non seulement on ne les crut pas mais leur porte parole, l'archevêque de Corinthe, fut fort maltraité et hué par les habitants de Viterbe où était alors le sacré Collège.

Ils dûrent s'enfermer en conclave sous la surveillance des Viterbiens ameutés qui se chargèrent de monter la garde et de les obliger à se soumettre à la constitution de Grégoire.

Certes, cette constitution était sage et sa rudesse même prouve combien elle était nécessaire. Cependant les lois les plus sages sont souvent funestes dans leur application rigide et mécanique. Grégoire n'avait oublié qu'une chose, c'était de soumettre à perpétuité sa constitution, dans ses applications, à un juge capable de la mettre sans cesse en harmonie avec les circonstances.

Liés en conscience par cette constitution, tyrannisés par le peuple qui s'en faisait l'exécuteur impitoyable, désireux, d'autre part, d'échapper à la sanction même de cette réglementation sévère, les cardinaux chercheront toujours à sauver leurs intérêts immédiats et leurs votes s'en ressentiront. Que de fois ne nommeront-ils pas au pontificat des hommes qu'ils sauront ou croiront inaptes à régner afin de gagner du temps et de ménager de la sorte leurs intérêts et leur conscience.

Ce fut ce qui arriva encore une fois. On annonça aux farouches Viterbiens qu'un pape était élu : le cardinal de Plaisance. Choix dérisoire, car il mourait le lendemain même de son élection.

On avait gagné du temps, mais il fallait recommencer et dans la même hâte et dans les mêmes troubles. Aussi, le 16 septembre un autre pape était élu. C'était le cardinal-évêque de Tusculum sous le nom de Jean XXI.[1]

Pierre Juliani, le nouveau pape, était né en Portugal; c'était un lettré, un philosophe et un savant en médecine.

Quatre jours après son élection il était sacré pontife et se disposait à régner avec des idées à lui et pleines d'énergie qui allaient lui attirer des haines sans nombre et le charger même de calomnies historiques.

Le premier acte de son pontificat fut de donner la sanction apostolique au projet d'Adrien V contre la constitution de Grégoire et il cita à son tribunal les auteurs des troubles de Viterbe, personnages intéressés à l'application rigoureuse de cette constitution et dont l'ambition souffrait d'une vacance qui suspendait leurs charges à la curie ou attendaient avidement le lever du nouvel astre pour se tourner du côté du soleil levant.

(1) *Piscator Tuscus*, dit S. Malachie. « Le pêcheur Toscan. » Devise insignifiante et d'un sens purement général. Le nom de pêcheur est donné aux papes par allusion à Pierre qui, de pêcheur de poissons, devint par sa vocation pêcheur d'hommes. Quant à la désignation de Toscan, elle indique que ce pape qui fut élu en Toscane et mourut en Toscane, n'eut pas le temps d'être autre chose qu'un homme agissant en Toscane.

Puis Jean XXI s'occupa de l'éternelle question de l'Eglise grecque; de la Terre-Sainte à laquelle il envoya des secours d'argent, ne pouvant faire mieux; il condamna des doctrines erronées dans l'Université de Paris; il envoya des députés au grand khan des Tartares; il écrivit au roi d'Angleterre en faveur de l'Irlande opprimée; il s'efforça de réconcilier les rois de France et de Castille et lança l'anathème contre Alphonse III de Portugal qui s'opiniâtrait dans ses empiètements malgré les réclamations des évêques.

Jean XXI n'était pas animé d'un amour bien ardent pour les moines et même, à l'exemple d'Innocent IV, il les traita durement jusqu'à fulminer contre eux des anathèmes.[1] Aussi, devait-il s'attendre à des représailles dont la plume, au moins, serait l'instrument acéré.

Des chroniqueurs intéressés ou vindicatifs ne manquèrent pas de dénaturer son érudition et d'accuser le savant de n'être qu'un infâme magicien.[2]

L'histoire, il est vrai, n'a pas ratifié ce jugement et lui en tient maintenant compte comme d'un titre de gloire. Elle ne lui reproche que l'abrogation de la constitution de Grégoire, mais le sacré Collège tout entier était solidaire de cette faute et les troubles de Viterbe suffisent à l'excuser.

Les chroniqueurs hostiles ne manquèrent pas non plus d'attribuer sa mort fâcheuse à un châtiment du ciel et ils ont dit que Jean XXI fut frappé par la justice de Dieu au moment où il écrivait des propositions hérétiques.[3] N'est-on pas toujours traité de magicien par les ignorants et d'hérétique ou d'enragé par des gens qui prennent leurs propres passions pour des règles de foi. On a beau être pape, on n'en est pas moins sujet à l'implacable jugement de ces deux sortes de

(1) Bareille, *Hist. de l'Eglise.*
(2) *Chronique de Colmar*, ann. 1277.
(3) Siffrid, *Chron.*, II, ann. 1276.

gens qui sont les ouvriers des plus grands fléaux de la terre.

Le pontificat de Jean XXI s'annonçait, au contraire, comme un bon règne, lorsqu'arriva l'accident, prévu peut-être par ses ennemis, et qui mit fin à ses jours.

Il avait fait construire, attenant au palais de Viterbe un appartement pour son usage particulier et comme il venait de s'y retirer, selon son habitude, le 8 mai 1277, le plafond craqua, s'ouvrit et s'écroula sur la tête du pontife.

Quand on le retira des décombres, il était tellement meurtri et brisé qu'il expira six jours après ce lamentable accident.

Comme les extrêmes se touchent et que l'homme semble ignorer la sagesse qui est le juste milieu en toutes choses, le premier fruit de l'abrogation de la constitution de Grégoire X allait être une vacance du siège pontifical pendant six mois et neuf jours.

Rodolphe ne tenait pas encore la couronne d'Occident.

VIII

LA ROSE COMPOSÉE.[1]

Pendant six mois, l'agitation fut au comble autour du siège pontifical vacant.

Enfin, le 25 novembre 1277, le cardinal Jean-Gaétan Orsini était proclamé sous le nom de Nicolas III. Jean Orsini était issu d'une des plus nobles et des plus anciennes familles de Rome.

A peine était-il élu, qu'il reçut une ambassade grecque portant des lettres de l'empereur Michel Paléologue et de son fils Andronic, annonçant que, dans un synode solennel tenu à Constantinople, les évêques d'Orient avaient abjuré le schisme, que le patriarche Joseph, opposant, avait été déposé et emprisonné pour faire place au nouveau patriarche, Jean Becco, homme vertueux, qui adhérait à la réconciliation

(1) *Rosa Composita*, dit S. Malachie, désignant Jean Orsini, pape, sous le nom de Nicolas III. Les armoiries des Orsini portaient jadis des ours, Nicolas changea son blason qu'il adopta désormais « bandé de gueules et d'argent de six pièces au chef du second, chargé d'une rose de gueules, soutenu d'une devise d'or chargée d'une anguille ou d'un filet d'azur en fasce ondée. » On ne sait pourquoi il fit ce changement et adopta la rose, à moins que ce ne fut à cause de S. François d'Assise, qui lui avait prédit qu'il serait un grand protecteur de ses frères. Enfin, Nicolas III fut surnommé *compositus* par ses contemporains, à cause de son maintien composé et grave.

définitive avec l'Eglise latine comme le prouvaient des lettres de ce nouveau patriarche, dans lesquelles il reconnaissait la primauté du siège de Rome et sa juridiction sur toutes les églises du monde entier.

« Nous promettons, y disait-il, d'être soumis au pape et de lui conserver toutes les prérogatives que nos prédécesseurs lui attribuaient avant le schisme, comme aussi tous les privilèges qui lui ont été accordés par les empereurs.

» Nous confessons qu'en vertu de cette primauté, le pape a la plénitude de puissance et que les questions de foi doivent être décidées par son jugement.

» Tous ceux qui se trouvent lésés dans les affaires de juridiction ecclésiastique, peuvent en appeler à l'Eglise romaine; toutes les Eglises lui sont soumises et tous les prélats lui doivent obéissance. C'est elle qui a confirmé les privilèges des autres Eglises et particulièrement des patriarches. »

De plus, la lettre contenait une profession de foi explicite et orthodoxe sur les points en litige, la procession du Saint-Esprit, la question du pain azyme dans l'Eucharistie, celle du Purgatoire et des suffrages pour les morts, enfin sur chacun des sept sacrements.[1]

(1) Nous avons ailleurs, au cours de cette histoire, narré toutes les phases du schisme grec. Le principal point nié par les grecs est que le Saint-Esprit procède du Père et du Fils; selon eux, le Saint-Esprit ne procède que du Père. Ils basent leur affirmation sur des textes de l'Evangile et sur le Concile de Nicée qui n'a pas indiqué cette double procession dans son symbole, qui fut corrigé dans ce sens par un des successeurs immédiats du pape Léon III, qui ajouta au texte du Symbole les mots *Filio que*, addition provoquée par Charlemagne, qui l'avait introduite dans les Eglises des Gaules.

Mais les questions de doctrines n'ont joué qu'un rôle secondaire dans le schisme grec, qui prit sa vraie source dans l'ambition des empereurs qui voulurent égaler en toutes choses Byzance, la nouvelle Rome, à l'ancienne Rome. Le malheur de l'Eglise grecque est donc surtout qu'elle est esclave des autocrates qui ont sur elle tout pouvoir administratif ou disciplinaire, comme nous le voyons aujourd'hui en Russie où le patriarche et le Saint-Synode — son pape et son Sacré-Collège — sont à la dévotion des

Sur tous les points de la ville commença l'égorgement. (P. 101.)

A Rome, on se réjouit de cet événement, alors qu'on aurait dû s'en méfier comme d'une palinodie de plus à ajouter à toutes les palinodies grecques dont l'histoire est pleine et dont, dans tous les temps et à toutes les époques, Rome avait été l'infatigable dupe.

Nicolas crut le fait accompli et songea aussitôt à le régler dans ses moindres détails pratiques. Se croyant déjà maître de la juridiction pleine et entière sur cette Eglise, il prit toutes les mesures à cet effet en envoyant à Michel Paléologue des légats plénipotentiaires et prudents quoique fermes.

Eux aussi s'imaginèrent qu'ils entraient en pays conquis. Ils trouvèrent l'Eglise grecque en ébullition. Les consciences révoltées de la violence qui leur était faite par l'empereur et sa politique autocratique, étaient soulevées contre lui et contre le nouveau patriarche qui, par une bulle, venait de lancer l'excommunication contre quiconque refuserait d'adhérer de foi et de cœur à la juridiction et à la suprématie de l'Eglise romaine.

Bientôt la révolte prit des caractères révolutionnaires. Les réfractaires, ayant leurs évêques à leur tête, s'étaient réfugiés loin de l'autorité de Paléologue, en Morée, en Thessalie, en Achaïe et surtout auprès du duc de Patras, décidé à soutenir leur cause et celle du patriarche Joseph, les armes à la main.

Partout s'assemblaient des Synodes, dans lesquels on anathématisait le pape de Rome, le patriarche converti, l'empereur et tous les catholiques, pendant que des moines

empereurs, quoique l'on pense toutefois que les moines du célèbre mont Athos contre-balancent cet esclavage par une action occulte et spéciale.

Les grecs ont des cérémonies destinées à exprimer leur erreur touchant la procession du Saint-Esprit. La discipline de l'Eglise grecque est aussi beaucoup plus ascétique que celle de l'Eglise latine, mais les mœurs de son clergé sont bien inférieures à celles du clergé latin. Les popes, qui sont mariés, outre une crasseuse ignorance, sont souvent adonnés aux vices du bas peuple d'où ils sortent et à l'ivrognerie.

revêtus de cilices parcouraient les campagnes et fanatisaient les populations.

La maison de l'empereur même était divisée contre elle-même et seul, de sa famille, il était de son avis. Pendant ce temps-là, la nièce de Michel, reine des Bulgares, envoyait prier le sultan d'Egypte d'aller attaquer Constantinople, tandis que, de leur côté, les rebelles offraient la couronne de Paléologue au prince de Trebizonde. La propre sœur de Michel, Eulogie, et plusieurs princesses de sa parenté étaient de la conjuration.

Paléologue riposta par des persécutions odieuses qui achevèrent d'aigrir les esprits au lieu de les apaiser, punissant de la prison et de la confiscation les princes de sa famille qui lui faisaient opposition.

Cependant, les légats du pape étaient arrivés et il n'y avait aucun moyen honnête de les éconduire.

Par ordre de Michel, les évêques et le clergé grecs furent secrètement assemblés et il leur dit :

— Ecoutez-moi, j'ai une grave confidence à vous faire. Pourquoi soulevez vous une pareille agitation dans l'empire? N'avez-vous pas compris la vérité en tout ceci?

— Seigneur, répondit un des plus autorisés parmi les évêques, puisque vous daignez nous assembler pour nous consulter, nous vous dirons la vérité selon notre conscience. Dieu qui vous a donné l'empire ne vous a pas donné, avec la couronne, le pouvoir de violenter nos consciences et la foi de notre glorieuse et antique Eglise, foi pour laquelle nous lutterons jusqu'à la mort. Quoi! vous nous livrez à l'Église romaine! Ignorez-vous que cette Eglise n'a fait qu'innover dans la tradition des Apôtres? n'a-t-elle pas falsifié le Symbole de Nicée et méprisé la parole de saint Jean lorsqu'il a dit : « Mes petits enfants, il n'y a qu'un mal qui va à la mort et parmi toutes les iniquités il n'y en a qu'une qui soit irrémissible, c'est l'idolâtrie; gardez-vous surtout des idoles.

Amen![1] » Ne savez-vous pas que l'Eglise romaine est idolâtre!

— Paix! dit l'empereur, écoutez-moi. Je suis entièrement de votre avis, comme vous allez le voir, et je n'ai nullement l'envie d'asservir l'Eglise grecque à l'Eglise latine.

Tous, à ces paroles, manifestèrent une profonde surprise et restèrent attentifs.

— La politique, dit Michel, a des exigences impérieuses. Ce que j'ai fait, j'ai été obligé de le faire, précisément, pour le salut de notre Eglise et de ce trône, son plus ferme appui, que j'ai repris aux latins et que les latins excités par le pape Adrien allaient revenir me disputer et peut-être m'enlever. Quoique tout danger paraisse écarté, grâce à ces sacrifices apparents, néanmoins, il faut assurer l'avenir et feindre le plus longtemps possible cette réconciliation, qui seule peut empêcher les latins de nous déclarer une guerre fratricide. Les légats du pape de Rome sont arrivés, souscrivez à tout ce qu'ils voudront sans mot dire et sans opposition, je vous en supplie; ils partiront et vous resterez, vous, maîtres chez vous. Pour le reste, comptez sur moi.

Et, d'une voix solennelle, l'empereur, levant la main, ajouta :

— Je vous le jure devant Dieu qui m'entend, jamais je ne souffrirai qu'aucun changement soit jamais apporté ni au symbole ni aux rites de la glorieuse Eglise grecque, la seule orthodoxe!

L'assemblée, un instant stupéfaite, éclata en tonnerres d'applaudissements au milieu des cris retentissants de : Vive l'empereur Michel Paléologue! longue vie à l'emperenr orthodoxe!

(1) S. Jean, Epitre I, ch. V. — Nous avons raconté les drames des temps iconoclastes, v. notre vol. XIX, LES IMAGES BRISÉES. On sait que les grecs ont toujours accusé les catholiques d'idolâtrie à cause du culte rendu aux images et que le peuple, d'ailleurs, a toujours tendance à transformer en idolâtrie. Nous avons exposé la doctrine catholique à ce sujet, le lecteur s'y reportera.

Quand les légats revinrent à Rome, ils rapportèrent de leur voyage une lettre artificieuse signée d'un grand nombre d'évêques qui n'existaient pas, dans laquelle il n'était question qu'en termes vagues de la procession du Saint-Esprit, lettre muette, d'ailleurs, sur tous les autres points que les légats étaient chargés d'élucider et de régler.

Plus que jamais, le schisme était vivant et triomphant. On allait bientôt se convaincre à Rome qu'une fois de plus on avait été dupé.

Nicolas s'occupa d'autres affaires où la politique de l'Europe entrait pour une grande part.

De plus, comme le lui avait prédit le Séraphique François d'Assise, il fut le protecteur des Franciscains et, deux mois durant, toute affaire cessante, il étudia leur règle pour la fixer d'une manière définitive dans sa fameuse bulle[1] apologétique de cet ordre, très attaqué alors par beaucoup d'ennemis et de censeurs, qui en qualifiaient même la règle de téméraire et d'illicite.

Il y avait à peine trois ans que Nicolas était pape, lorsque la mort à l'aile prompte le toucha lui aussi avant le temps. Il expira, déçu dans son rêve d'unifier les deux Eglises pour en faire comme une rose magnifique ; la rose, hélas! restait une rose artificielle, une rose composée, pour un temps que Dieu seul connaît.

(1) La bulle qui commence par ces mots : *Exiit qui seminat seminare semen suum.*

IX

LE COMPTOIR DE MARTIN DES LYS.[1]

Pendant six nouveaux mois, l'Eglise retomba dans le trouble par la division des cardinaux électeurs et les intrigues du roi Charles de Sicile.

Charles avait vu, sous le précédent pontificat, le complot formé pour renverser, en Sicile, la domination française et donner sa couronne à Pierre d'Aragon, celui-là même pour le compte duquel avait été ramassé le gant de Conradin sur la place de son supplice.

Nicolas III, loin de s'opposer à ce complot, l'avait, au contraire, favorisé, tant la tyrannie de Charles d'Anjou était odieuse.

Charles le savait et même on lui avait dit que Nicolas avait promis au roi d'Aragon de lui laisser prendre la couronne de Sicile s'il arrivait à en faire le conquête. Aussi,

(1) *Ex telonio liliacei Martini*, dit S. Malachie. Martin IV Simon de Brie), avait été trésorier de l'église de Saint-Martin de Tours, avant d'être cardinal. Cette devise se trouve ainsi justifiée. D'autre part, son pontificat va être témoin, dans les Vêpres Siciliennes, d'un règlement de comptes sanglant, fruit naturel des événements et des actions politiques des années précédentes, ce qui peut également expliquer ce mot un peu rude de comptoir employé par le prophète pour caractériser ce pontificat.

Charles avait-il multiplié les intrigues afin que le choix nouveau des cardinaux se portât sur un pape qui fut de son parti.

Il allait être satisfait, mais à quel prix!

Le 22 février 1281, le conclave proclamait pape le cardinal Simon de Brie sous le nom de Martin IV. Or, Simon, natif de Tours et ancien chanoine de la basilique de Saint-Martin, était français et, par conséquent, il n'était pas douteux qu'il épousât la cause française en Sicile, donc celle du roi Charles.

Rome était divisée par deux factions farouches ; celle des Orsini, parents du dernier pape, et celle des Annibaldi qui tenaient pour les Guelfes.

Sans prendre partie ni pour l'une ni pour l'autre, Martin assembla le sénat et le peuple et se fit élire solennellement gouverneur de la ville et du territoire de Rome, non comme pape, mais uniquement en considération de sa personne, l'acte portant que, lors de sa mort, les droits respectifs du peuple et de l'Eglise demeureraient intacts. Par cet acte, le pape avait le droit de déléguer son gouvernement à qui bon lui semblerait, clause dont la subtilité n'apparut que lorsqu'on le vit donner, peu de temps après, le titre de sénateur et de gouverneur effectif de Rome au roi Charles que l'Italie regardait comme son tyran et son ennemi.

L'empereur grec, Michel Paléologue, fut, à son tour, effrayé de ce coup de théâtre qui renversait sa sécurité basée sur la mésintelligence de Nicolas III et de Charles de Sicile.

Il envoya aussitôt, en ambassade au nouveau pape, les métropolitains Léon d'Héraclée et Théophane de Nicée, chargés d'employer toute leur habileté à parer à tout inconvénient.

Martin IV, homme habile, comme il venait de le montrer — quelque peu louable et sage, d'ailleurs, que fut cette habileté grosse de désastres — fit attendre longtemps leur audience aux nonces impériaux, tandis qu'il écoutait de violents conseils que lui donnait à ce sujet Charles d'Anjou, désireux d'amener le Pontife à un éclat dont il put s'autoriser à tirer profit.

Martin, brusquement, le 18 novembre 1281, donna audience aux nonces et, sans les entendre, fulmina avec colère l'excommunication contre l'empereur grec, qu'il déclara fauteur de schisme et d'hérésie, en même temps qu'il interdisait, au nom de l'autorité apostolique, à tous princes, seigneurs et communautés du monde chrétien, de ne contracter avec lui aucune alliance.

Quand cette nouvelle arriva à Paléologue, son premier mouvement fut de se venger par une rupture éclatante. La prudence seule le retint. Il s'était converti au catholicisme, franchement ou non, il résolut de rester publiquement partisan du retour du rit grec au rit latin dont il avait été le promoteur, et il fit ainsi sans exercer aucunes représailles contre le pape, se réservant de se venger seulement du roi de Sicile, le véritable promoteur de cette violente condamnation. L'habile empereur devait bientôt réussir dans son dessein.[1]

Pendant ce temps-là, sous l'heureux ciel de l'Italie, des hommes que la nature avait comblés de ses faveurs en leur donnant à profusion et presque sans travail, les choses nécessaires à la vie, étaient devenus des esclaves de la rapacité d'étrangers venus du nord, de français orgueilleux et exigeants qui les traitaient comme des chiens à la chaîne et les saignaient à blanc par des impôts écrasants et des charges fiscales de toute sorte.[2]

(1) VITA MARTINI., RICORD. MALESP., *Hist. de Florence*, et PACHYMER, ann. 1281-1282. Cités par Bareille, *Hist. de l'Eglise*.

(2) Cette façon de gouverner et de coloniser est restée bien nôtre. Quiconque est au courant des questions françaises coloniales à notre époque, ne peut ignorer que nos colonies qui pourraient être une source de richesse pour la métropole et bénir notre

Aussi, un complot était-il ourdi pour renverser la dynastie française en Sicile et y substituer le gouvernement de Pierre d'Aragon.

A la tête de ce complot redoutable et fort, était le médecin Jean de Procéda, appartenant à une noble famille de Salerne, où il était né en 1225, et possédant en fief une petite île voisine de la ville de Naples.

En 1268, Jean de Procéda, exilé de sa patrie, était venu chercher un refuge à la cour de Pierre III d'Aragon qui était gendre de l'ancien régent de Sicile, Manfred, dont Conradin était venu revendiquer l'héritage tombé, par la volonté pontificale et la force des armes, aux mains de Charles d'Anjou.

Jean avait alors quarante-trois ans.

Au temps où Charles d'Anjou s'était emparé du trône de Sicile, un jeune Sicilien de dix-huit ans, nommé Jean de Loria, de la Basilicate, s'était expatrié et était venu lui-même, quittant sa patrie esclave, chercher un refuge auprès du trône d'Aragon.

Les deux proscrits se rencontrèrent, se lièrent d'amitié et devinrent les confidents de Pierre III, qui leur promit de les aider à délivrer leur patrie opprimée.

Jean de Procéda, fort de cette promesse, se mit aussitôt à l'œuvre.

Sous un déguisement prudent et dans le plus grand secret, il vint en Italie visiter les chefs Gibelins qu'il réunit avec les barons siciliens dans un vaste complot dans lequel il ne manqua pas de faire entrer l'empereur grec, Michel Paléologue, l'un des premiers intéressés à la ruine de

nom si nous savions qu'avant tout les mœurs d'un peuple doivent être respectées, nous maudissent, parce que nous ne savons qu'y envoyer des fonctionnaires sans foi ni loi, qui s'y montrent oppresseurs comme des démons, et font de ces pays qui sont parfois des paradis naturels de véritables enfers. Les Romains avaient le sens colonisateur infiniment plus pratique et plus intelligent que nous.

Charles d'Anjou qui méditait une croisade pour rétablir le trône latin de Constantinople.

Charles de Sicile qui réunissait, en ce temps-là, sur sa tête, la couronne réelle de Sicile et la couronne fictive de Jérusalem, était alors le maître et l'arbitre de l'Italie et de la Méditerranée et il aspirait à se rendre également maître de Constantinople.

Le pape Nicolas III, qui n'aimait pas Charles d'Anjou, et dont la famille, d'ailleurs, était gibeline, était entré lui-même dans la conjuration. Non pas qu'il eut promis d'y jouer un rôle actif, mais seulement de laisser faire les conjurés et de ne pas s'opposer à ce que Pierre d'Aragon enlevât, s'il le pouvait, à Charles d'Anjou, la couronne de Sicile.

Mais Nicolas III ne devait faire que passer, comme nous l'avons vu, sur le trône de saint Pierre; alors qu'un long règne paraissait lui être réservé, un extraordinaire accident lui coûta la vie; la chute du plafond d'un appartement neuf servit à point nommé ses adversaires qui, sans doute, avaient deviné ses intentions, et rien n'oblige à croire que le plafond et les ennemis du pape n'étaient pas de connivence.

Mais le gant de l'infortuné Conradin avait été ramassé au pied de son échafaud et ce ne devait pas être en vain, car jamais de telles choses ne sont vaines.[1]

Quand le pape Martin IV succédant à Nicolas III, eut montré ses idées toutes favorables à Charles d'Anjou, et, sur le conseil du roi de Sicile, excommunié Michel Paléologue et foudroyé de sa colère ses nonces impériaux, la goutte surprême tomba dans le vase qui allait déborder.

Michel, qui avait juré de se venger en silence du roi de

(1) Voici la loi qui régit tous les imbroglios plus ou moins sanglants de l'histoire où tout s'enchaîne et s'engrène régulièrement d'après cette loi : Toute action amène une réaction de même nature et de nom contraire. Celui qui est bien pénétré de cette vérité, possède à un haut degré la sagesse.

Sicile, envoya aussitôt à Pierre d'Aragon trente mille onces d'or pour l'équipement d'une flotte de combat. Pierre d'Aragon reçut le secours impérial, équipa sa flotte et, pour donner le change, annonça partout qu'il préparait une croisade contre les Sarrazins.

Il poussa même cette feinte jusqu'au bout et fit mine d'aller mettre le siège devant une ville d'Afrique. En réalité, il se rendait dans les eaux siciliennes pour y attendre le jour prochain de la vengeance qui lui donnerait la couronne de Charles.

Jean de Procéda, déguisé, était dans l'île; tout était prêt et Palerme devait donner le signal de l'extermination des oppresseurs.

On était à la fin du carême de 1282 et la fête de Pâques tombant, cette année-là, le 29 mars, les seigneurs, qui étaient tous du complot, se rendirent en grand nombre avec leurs gens à Palerme, sous couleur d'y célébrer la grande fête chrétienne.

Pour donner à cette explosion de la Sicile contre ses tyrans, préparée de longue main, les apparences de la spontanéité, un mot d'ordre uniforme fut donné.

Il fut convenu que le massacre qui devait avoir lieu à Palerme, le lundi de Pâques, commencerait, à la fois et en même temps, dans tous les quartiers de la ville, dès que sonnerait le premier coup des Vêpres. [1]

Cependant, de tels éclats ne se font pas sans raison et il fallait un prétexte pour déchaîner la fureur du peuple que les conjurés avaient chauffé à blanc. Parmi les conjurés, il y avait une femme, Sicilienne qui s'était chargée de mettre le feu aux poudres à point nommé.[2]

(1) De là le nom de « Vêpres Siciliennes » dont l'Histoire désigne ce sanglant épisode.

(2) Nos lecteurs remarqueront combien est grande l'insanité de ceux qui croient que les révolutions arrivent toutes seules et par hasard. Rien ne s'est jamais fait, ne se fait ni ne se fera jamais par hasard. Tous les événements se produisent parce qu'ils sont

Le premier coup des Vêpres du lundi de Pâques allait sonner à toutes les églises de Palerme.

Sur un point de la ville, un attroupement se produisit autour d'une femme qui, les cheveux épars et la figure indignée, appelait à l'aide ses concitoyens, contre les violences d'un homme, un français.

C'était la Sicilienne conjurée qui avait provoqué le français et accusait maintenant ce dernier de l'avoir outragée.

Entre une Sicilienne outragée et un des tyrans de la Sicile, un français abhorré, le bon peuple de Palerme ne pouvait hésiter. Son indécision, d'ailleurs, ne devait pas tenir devant les efforts des meneurs disséminés dans la foule et un cri féroce retendit aussitôt, répété de toutes parts :

— Aux armes! Mort aux Français maudits!

Les cloches tintaient pour le premier coup des Vêpres.

Sur tous les points de la ville commença l'égorgement. Rien ne fut épargné, vieillards, enfants, femmes, jeunes filles, hommes et jeunes gens furent passés par les conjurés au fil de l'épée.

Et quittant la ville ensanglantée, ils sortirent de la capitale de la Sicile pour aller soulever toutes les populations de l'île qui se ruèrent à leur tour au massacre.

complotés d'avance et en secret, d'après un plan bien arrêté et combiné souvent jusqu'aux plus petits détails. Le peuple est l'instrument toujours inconscient de ceux qui tiennent dans l'ombre les fils de toutes les conjurations et qui savent à merveille comment on manie ses passions brutales en les excitant avec des mots sonores qu'il ne comprend pas et ne peut pas comprendre. Tout est généralement réglé d'avance, jusqu'à ces riens du tout en apparence et qui sont, au contraire, l'étincelle prévue comme devant mettre le feu à tout. Ainsi, dans notre histoire de France, nous dûmes la guerre de 1870 à l'un de ces riens ; le grand criminel qu'était Bismark et qui voulait la guerre quand même, malgré la France et malgré le roi de Prusse, trouva ce rien ; il changea un mot à une dépêche diplomatique, la célèbre dépêche d'Ems ; il comptait sur la fureur française et la résignation du roi de Prusse. Il ne s'était pas trompé. Si l'on avait su que la dépêche était fausse, la guerre n'eut pas eu lieu et le roi de Prusse eut disgracié Bismark. Ainsi en est-il pour tout le reste, et voilà pourquoi tous les gouvernements font toujours une guerre acharnée — quoique bien stérile — aux Sociétés secrètes.

Qui donc était responsable de pareilles horreurs sinon ceux qui les avaient provoquées et méditées et qui, devant Dieu et le destin, sont justiciables de la loi incluse en cette parole du Seigneur : « Quiconque se sert de l'épée périra par l'épée ». Et de cette autre de l'Esprit-Saint : « Quiconque pactise avec l'abîme périra dans l'abîme. »

Car Dieu qui jugera un jour le monde avec le dernier mot de sa sagesse, le juge sans cesse, dès à présent, par le glaive de sa propre folie, le glaive du destin, l'épée du mal et de la mort.

X

APRÈS LES « VÊPRES. »

Qui donc peut arrêter l'ouragan, dans sa course déchaînée et dévastatrice? Innombrables sont les conséquences d'un acte; elles forment tout un monde sur lequel règne souvent l'arbitraire et le chaos.

Un saint docteur voulant, un jour, montrer les conséquences funestes de la calomnie, la représenta comme l'acte de plumer une poule en parcourant une grande route par un temps de grand vent. Qui donc se chargera de rattraper les plumes envolées dans toutes les directions, et, si ces plumes étaient des étincelles, qui se chargerait d'éteindre les innombrables incendies qu'elles auraient provoquées?

Ainsi en est-il des conséquences de tous les actes violents et injustes, nul ne peut les mesurer ni les atteindre.

— C'est bien décousu, mon fils, dira un jour Catherine de Médicis, au lendemain de la Saint-Barthélemy, ces autres vêpres Siciliennes de l'histoire de France, maintenant, il faut recoudre.

Recoudre! Tel est le grand problème qui se pose au lendemain de tous les grands déchirements de l'histoire.

Il allait se poser ici, terrible et épineux, ce problème, et se poser en face de celui qui, sans être responsable de ces choses, à proprement parler, en avait, néanmoins, tout le poids écrasant à supporter devant son temps et devant l'Histoire, le pape Martin IV, celui qui, en ce temps-là, était attaché, selon l'expression d'Adrien V, sur le gibet de la Papauté douloureuse.

En se réveillant de sa fureur, en face de cette aube sanglante, le peuple sicilien, semi-conscient comme l'est toujours le peuple, et ignorant qu'il venait d'abattre un trône au profit d'un autre, se mit à agir, cette fois, pour lui-même et selon ses idées propres.

Pour lui, se croyant toujours sujet du roi Charles et convaincu que ce qu'il venait de faire n'avait eu d'autre but que de protester énergiquement contre les excès de son gouvernement, en exterminant ses tyrans subalternes, il se souvint qu'il était vassal de l'Eglise, arbora l'étendard du Saint-Siège et en appela à la protection du Pape.

D'autre part, Martin IV recevait l'offre de plusieurs barons siciliens, de se soumettre au roi Charles, mais à la condition que Charles se contenterait du tribut payé aux anciens rois Normands et que la Sicile aurait désormais des italiens pour gouverneurs.

Affolé, de son côté, Charles d'Anjou était accouru réclamer la protection du Pontife.

Martin, aussitôt, lance une bulle contre les rebelles et les envahisseurs de la Sicile. Il n'oubliait qu'une chose dans sa bulle, rendre ou promettre justice aux opprimés contre les oppresseurs.[1]

Mais, bientôt, allait retentir aux oreilles du pontife, comme à celles du roi, ces paroles fatales qui sonnent comme le glas des choses passées, au lendemain de toutes les révolutions :

(1) Bareille, *Hist. de l'Eglise*, que nous suivons pas à pas pour la narration de ces événements tragiques.

— Il est trop tard!

Oui, il était trop tard. Pierre d'Aragon arrivait à Palerme au mois d'août et, le 2 septembre, il était proclamé roi et Charles était réduit à chercher en Italie le refuge des proscrits.

Sa couronne était brisée.

Nicolas III voulait accueillir Pierre d'Aragon comme un sauveur, Martin IV l'excommunia comme un bandit, le mit en interdit et offrit sa couronne à qui voudrait la prendre par la force; de plus, il ordonnait la prédication d'une croisade contre lui avec les mêmes indulgences que celles attachées à la défense de la Terre-Sainte, le déclarait déchu de son trône d'Aragon, de la dignité royale même, déliait tous ses sujets de tout serment de fidélité à son égard et défendait à tous, sous peine d'anathème, de le reconnaître pour roi.[1]

La même voix fatale répondit :

— Il est trop tard!

Pour la première fois, peut-être, dans l'histoire de la Papauté, les foudres pontificales furent complètement vaines. Ni les seigneurs, ni le peuple, ni même les évêques de son royaume ne tinrent Pierre d'Aragon pour excommunié et il ne se trouva personne pour observer l'interdit.[2] En dérision, Pierre proclama lui-même qu'il n'était rien moins que roi, mais seulement un pauvre chevalier aragonais, père de deux rois et seigneur souverain de la mer!

Il offrit même à Charles d'Anjou, en chevalier loyal, un combat singulier qui viderait leur différend. Ce combat devait avoir lieu en terrain neutre, dans la plaine de Bordeaux, et cent chevaliers des deux partis devaient y prendre part.

(1) Ibidem.

(2) Bareille, *Hist. de l'Eglise.* Nous ne saurions faire l'apologie du gouvernement de Martin IV, évidemment. De tels procédés sont indignes de la Papauté et de l'Histoire. Les immenses difficultés des temps peuvent seules couvrir ces faits de leur sombre manteau. Aussi bien, la Papauté ne peut être rendue responsable de ces difficultés et de la façon peu adroite dont un pape crut pouvoir y remédier.

— Je m'y oppose, avait dit Martin à Charles.

Mais Charles accepta, car son intention déloyale qu'il exécuta, était de venir au rendez-vous avec de nombreux soldats.

Pierre ne vint pas. On l'avait averti. Mais quand Charles demanda s'il avait donc changé d'avis, un envoyé de son rival répondit en son nom :

— Le roi, mon maître, ne viendra pas. Il a offert un combat loyal, il ne saurait accepter une embuscade.

Mais ce temps n'était pas, comme le nôtre, régi par la loi morale du fait accompli. A cette époque il n'y a pas de fait accompli. Il y a des chiffres qui, incessamment, se combinent fatalement, selon les quatre règles de l'arithmétique des passions déchaînées et sauvages : addition, soustraction, multiplication, division; un trait, et le total de chacune de ces opérations brutales n'est ni somme, ni différence, ni produit, ni reste, il ne forme qu'un nom, un nom hideux, il s'appelle la guerre! la guerre éternelle!

Hélas! ce n'était pas tout. La grande victime de cette guerre éternelle, c'était encore et toujours la Papauté, car tous ces rois, ces empereurs, ces princes, tous plus ou moins parents et sans cesse en combats mutuels, toujours prêts à acclamer la Papauté lorsqu'elle leur était favorable, n'avaient rien de plus pressé que de se tourner contre elle, dès que la Papauté leur opposait un jugement.

C'est l'éternelle histoire de ceux qui plaident. Tous exaltent le juge, dans la conviction du triomphe de leur cause personnelle. Le jugement rendu, le juge n'a pas de plus mortel ennemi que celui qu'il a condamné.[1]

(1) C'est aussi ce qui se passe dans la vie courante. On n'est bien avec les gens qu'à condition d'être de leur avis exclusivement à tout autre avis. Le jour où on veut équilibrer les oppositions on n'est plus qu'un maudit et un lépreux. Bien naïf ou bien malheureux celui qui espère pratiquer cette loi de la sagesse : *in medio stat virtus*. Telle est la triste mentalité sous le régime de laquelle nous vivons encore à notre époque dite de lumière!

La couronne d'épines de la Papauté s'appelle son droit divin de médiation, ce que les partis haïssent en elles, c'est l'autorité spirituelle, la seule lumière de la terre.

Martin se ressaisit pourtant au milieu de ces nouveaux orages, car un pape, avant tout, est vicaire de Jésus-Christ, et la parole qui retentit sur les collines de Bethléem, dans la glorieuse nuit de la Nativité, fut celle-ci :

« Gloire à Dieu dans les hauteurs des cieux, paix aux hommes de bonne volonté. »

La guerre continuait partout, tous les royaumes étaient ensanglantés. Partout les trônes mouvants semblaient des volants que se renvoyaient la raquette des compétiteurs.

Charles, de son côté, n'avait pas renoncé au sien. En le favorisant, Martin IV ne faisait que se ménager un allié naturel, capable de protéger les états pontificaux menacés, en même temps qu'il luttait pour sa propre cause.

Au milieu d'un tel chaos, pour sauvegarder sa vie, la Papauté était obligée à faire flèche de tout bois et à profiter de toutes les bonnes dispositions, si intéressées et si fragiles fussent-elles.

La cause pontificale temporelle se relevait d'ailleurs un peu dans la Haute-Italie.

Pierre d'Aragon, de son côté, ne sentait pas son trône de Sicile tellement ferme qu'il fut exempt d'alarmes et lui aussi prenait, pour le conserver, les plus rigoureuses mesures.

A Rome s'abattit la famine. D'autre part, Pise et Gênes se déclarèrent une guerre implacable et terrible, malgré la médiation pacifique de Martin IV qui ne fut pas écouté. Gênes se révoltait contre Pise, sa suzeraine, et Pise combattait pour un tyran qui tyrannisait également les deux villes sœurs!

Comme l'Italie, l'Espagne était la proie de la guerre civile. Questions de trônes et de couronnes encore![1] La

(1. On se demandera comment les peuples pouvaient entrer à ce point dans toutes

Pologne souffrait des mêmes excès. En Asie, les affaires chrétiennes étaient lamentables et le pape essayait en vain d'attiser le dernier feu des croisades. Edouard d'Angleterre, à son tour, se désistait de tout engagement à ce sujet et employait à de tout autres usages les fonds recueillis pour cette tâche, malgré les réclamations du Pape.

Les Tartares, eux-mêmes, oubliant leur bienveillance récente en faveur des chrétiens, ruinaient les églises de leurs contrées et y anéantissaient toute l'œuvre évangélique, au profit de Mahomet et du Coran. Là encore un prince tartare converti, Argon, luttait pour s'asseoir sur le trône et maintenir le christianisme.

En Orient, Michel Paléologue mourait dans la force de l'âge, après avoir reçu les sacrements, et s'en allait dormir, sans pompe aucune et comme furtivement, son dernier sommeil dans les murs d'un monastère grec, voisin de Pachomios, non loin de Lysimaque, où la mort l'avait surpris au moment où il faisait le recensement de troupes auxiliaires venues de la Scythie.

Sa mort, elle aussi, allait bouleverser de nouveau l'empire.[1]

La question Sicilienne était toujours un nœud gordien redoutable. Pierre d'Aragon, si maltraité par Martin IV, s'était maintenant entièrement tourné non seulement contre lui, mais contre la cause même de la Papauté. Foudres et anathèmes tombaient impuissants à ses pieds. La Sicile était devenue sa forteresse et le sûr refuge de tous les ennemis du Pape.

Contre lui, Martin IV organisa une croisade à laquelle il

ces querelles de rois. Outre qu'on fait du peuple ce qu'on veut par l'ignorance, les passions et le bâton, il faut se souvenir qu'alors les forces de ces princes se recrutaient par les seigneurs dont les troupes étaient, à la fois, composées de cerfs et de mercenaires, surtout de mercenaires. Pour de l'argent et des dépouilles, on trouvait les soldats nécessaires. Le patriotisme était généralement inconnu de ces gens-là ; la guerre, pour eux, était une question de métier et de tempérament.

(1) Paléologue mourut d'une maladie de cœur, le 11 décembre 1283.

invita la France. Son légat vint y donner solennellement la couronne d'Aragon, de Barcelone et de Valence, au comte Charles de Valois, second fils du roi de France, qui fit serment d'arracher à Pierre ses deux royaumes par la force des armes, en présence des trois Ordres de l'Etat et de tous les barons du royaume assemblés. Ainsi se raconte l'Histoire, car Charles de Valois était mineur et, en réalité, incapable de tous ces actes dont son père et son frère aîné prirent pour lui la responsabilité.[1]

Le roi détrôné, Charles, s'occupait toujours de reconquérir la Sicile. Toute l'Italie était à feu et à sang; toutes les armées, pontificales et autres, se partageaient à peu près les succès et les revers. Rome nageait dans le sang répandu dans les luttes des factions inextinguibles. Pise était écrasée par Gênes en un dernier combat où douze mille morts ensanglantèrent la terre parmi ses défenseurs, tandis que des quarante-neuf vaisseaux de sa flotte, sept étaient coulés à fond et vingt-neuf pris par les Génois. Les Etats de l'Eglise eux-mêmes étaient en guerre civile. A Constantinople, le parti schismatique grec replaçait son patriarche sur son siège et chassait le patriarche latin et, là encore, la guerre et la persécution faisaient couler le sang, tandis qu'un grand synode excommuniait tous ceux qui avaient provoqué le retour momentané de l'Eglise grecque à l'Eglise latine.

Tour à tour, cependant, les principaux acteurs de tous ces drames affreux étaient appelés au tribunal du Souverain Juge de toute paix et de toute guerre.

Charles de Sicile mourait le 7 janvier 1285, à Foggia, dans la Pouille, et ses obsèques solennelles étaient célébrées à Naples. Il avait régné dix-neuf ans et désignait pour son successeur, son neveu, le comte Robert d'Artois, choix que Martin IV ratifia aussitôt.

(1) Barcille, *Hist. de l'Eglise.*

Robert accourut avec une armée puissante et Pierre d'Aragon se mit à susciter des troubles pour diviser ses ennemis.

Mais Martin IV lui-même mourait à Pérouse le mercredi de Pâques, 30 mars 1285.

N'était-ce pas plutôt des effroyables et sanglantes discussions qui désolèrent son pontificat tourmenté, plutôt que de la trésorerie de Tours, que le prophète avait voulu parler en désignant ce pontificat douloureux sous cette devise : « Du comptoir de Martin des Lys, » et n'était-ce pas les lys de France qui avaient eu la plus grande part dans cette mêlée ?

XI

LA ROSE AUX LIONS.[1]

— Qui sera Pape? Qui sera Pape?

Telle était la rumeur de la foule massée aux abords de la salle du conclave, le 2 avril 1285, quatre jours après la mort de Martin IV. On était à Pérouse.

Une fenêtre s'ouvrit enfin, la foule écouta et un cardinal laissa tomber ces paroles du haut du balcon italien :

— Nous avons un Pape; c'est l'éminentissime seigneur, le cardinal-diacre, Jacques Savelli, qui a déclaré prendre le nom d'Honorius IV.

Aussitôt, une grande rumeur parcourut la foule devenue houleuse et des cris se firent entendre, hostiles :

— Nous ne voulons pas de ce podagre! mieux vaudrait un mort! un autre pape! un autre pape! il nous faut un autre pape!

(1) *Ex Rosa Leonina*, dit S. Malachie, désignant prophétiquement le pontificat d'Honorius IV (Jacques Savelli). La famille Savelli avait comme armoiries : « bandé d'or et de gueules de six pièces, au chef d'argent chargé de deux lions de gueule affrontés, soutenant des pattes de devant une rose sommée d'une colombe de même et soutenu de sinople, chargé d'un filet ondé de sable. » On a dit que les lions et la rose provenaient sur ce blason d'une branche alliée, de la famille des Frangipani. Quoiqu'il en soit, on peut voir ces armes à Rome, gravées sur le tombeau d'Honorius IV à l'église de Santa-Maria in Ara cœli, et cette tombe est un monument de l'époque.

Jacques Sabelli, en effet, issu d'une des plus anciennes et des plus nobles familles de Rome, était un infirme dans toute l'acception du terme. La goutte dont il était atteint l'avait rendu tellement impotent à la fois des jambes et des bras qu'il ne pouvait vaquer aux offices de sa charge qu'à l'aide d'appareils orthopédiques qui lui avaient été fabriqués spécialement à cet effet.

L'opinion publique donna raison aux habitants de Pérouse, mais le Sacré-Collège tint bon et Honorius se hâta de quitter cette ville pour aller se faire sacrer à Rome où il reçut le sacerdoce et l'épiscopat et fut couronné le dimanche 6 mai à Saint-Pierre au Vatican.

Jacques Savelli était un lettré et un savant pour son temps; il avait fait ses études à l'Université de Paris, la première Université du monde. L'Eglise de Châlons l'avait eu comme chanoine prébendé; Urbain IV l'avait fait cardinal et Adrien V l'avait employé, avec deux autres prélats, à négocier la paix entre Rodolphe et Charles de Sicile, en 1276.

C'était un homme de valeur et sa rapide élévation au pontificat, vacant quatre jours seulement après la mort de son prédécesseur, fut un bienfait pour le monde catholique qu'une vacance du Saint-Siège menaçait de faire retomber dans une anarchie plus grande encore que celle dans laquelle Martin IV l'avait laissé.

Reprit-il exactement les vues de son prédécesseur concernant le trône de Sicile? On peut le croire, d'autres en ont douté.

Rodolphe, qui attendait toujours le sacre impérial, lui envoya une ambassade pour le prier d'en fixer le jour, promettant, en échange, de se mettre du côté des héritiers de Charles de Sicile.

Honorius le remercia de cette promesse et l'invita à laisser les évêques de Liège, de Metz, de Verdun et de Bâle envoyer

Le plus osé parmi les ambassadeurs, répondit avec une feinte humilité.
(P. 120.)

des secours d'argent au roi de France qui se préparait, avec une puissante armée, à envahir les royaumes d'Aragon et de Valence, par la Catalogne.

Quant au sacre impérial, il était encore remis à des temps plus faciles. Pierre avait quitté la Sicile pour courir en hâte défendre ses Etats de la croisade organisée contre lui.

Grâce à l'alliance du roi de Majorque, Jacques, comte de Roussillon et propre frère de Pierre, le roi de France Philippe put franchir rapidement avec ses armées le col de Perthus et arriver en peu de temps sous les murs de Gérone où une violente épidémie s'abattit tout à coup sur son camp.

Une seule de ses colonnes put descendre dans la vallée de la Catalogne; Pierre la tailla en pièces dans un combat où il reçut une blessure dont il devait mourir quelques jours après laissant quatre fils, Alphonse, l'aîné, qu'il instituait héritier de son trône, Jacques, Frédéric et Pierre.

Les Aragonais tinrent secrète la mort de leur roi, par une sage mesure de précaution qui leur réussit.

Pendant ce temps-là la peste était au camp de Philippe III qui s'en retourna, malade, mourir à Perpignan, suivant ainsi immédiatement, dans la tombe, celui dont il voulait prendre le trône.

Du reste, s'il mourut sans savoir que Pierre venait de le précéder dans le sépulcre, il ne mourut pas sans avoir vu l'amiral de Pierre d'Aragon brûler tous les vaisseaux français dans les eaux de Narbonne et les troupes du roi d'Aragon tailler en pièces son armée qui repassait le col de Perthus, escortant la litière où il agonisait.

Aussitôt, le second fils de Pierre, Jacques, resté en Sicile avec sa mère, était proclamé roi par les grands du royaume et les syndics, et trois évêques lui conférèrent l'onction royale le jour de la Purification de la Vierge, l'an 1286, à la grande colère des partisans des héritiers de Charles qui exultaient déjà.

Honorius lança ses censures; elles furent aussi vaines que les anathèmes de Martin IV.

Pendant ce temps-là Alphonse d'Aragon envoyait des ambassadeurs au Pape pour négocier la paix sur les bases du fait accompli, c'est-à-dire qu'il entendait rester roi d'Aragon selon son droit héréditaire, et réclamait, pour son frère Jacques, le même droit au trône de Sicile.

D'autres conditions étaient proposées en outre par lui à titre de combinaisons pacifiques pour assurer la paix.

Honorius les repoussa tant pour lui-même que pour les intérêts des autres princes.

Et, de nouveau, la guerre se ralluma, plus vive que jamais. Jacques de Sicile, vit, du reste, le sort des armes lui être favorable.

Pendant ce temps-là, Edouard, roi d'Angleterre, tombait gravement malade à Bordeaux, et, pris d'une superstitieuse terreur, annonça que, s'il guérissait, il reprendrait la croix pour aller en croisade secourir la chrétienté de Syrie qui se débattait dans les dernières convulsions de l'agonie.

Le légat du Pape le nomma aussitôt chef de la prochaine croisade qu'Edouard ordonna à ses barons de préparer activement.

Cependant, le roi Edouard guérit, et, au lieu de s'en aller, en croisade, secourir les chrétiens de Syrie, tomba sur la France comme un ouragan imprévu.

Sur ces entrefaites, le 3 avril 1287, le pape Honorius IV, après deux ans et un jour de règne, rendait son âme à Dieu dans son palais de Sainte-Sabine, à Rome, dont il avait fait sa résidence d'hiver comme il avait fait de Tibur sa résidence d'été et s'en allait dormir son dernier sommeil sous les dalles de la basilique vaticane.

Ainsi passa ce règne comme une rose entre des lions qui ne la dévorèrent pas malgré leur fureur.

XII

LE PIC AUX ALIMENTS.[1]

Pendant dix mois et dix-sept jours, l'Eglise, de nouveau, fut veuve et resta sans Pape.

Pendant ce temps-là la malheureuse Pologne vit s'abattre sur elle de terribles fléaux.

Les idolâtres de la Baltique, tombés sur elle comme la grêle, l'inondaient de son sang et s'en retournaient chargés de ses dépouilles.

Un duc chrétien de ce pays, Lesko-le-Noir, annonça qu'il allait entreprendre contre ces mécréants une croisade que le Saint-Siège approuva et encouragea vivement, car Lesko-le-Noir était jusqu'ici un guerrier invisible.

Mais, lui aussi, au lieu d'accomplir ce vœu, tourna ses

(1) *Picus inter escas*, dit S. Malachie; devise bizarre et d'un sens très obscur. Le pic ou pivert est un oiseau qui se nourrit d'insectes et de vers, nourriture humble. Nicolas IV, Jérôme d'Ascoli, ville du Picenum, était franciscain, donc moine mendiant. Il se montra très hésitant à accepter tous les honneurs qui lui furent conférés, de sorte que le prophète a peut-être voulu le comparer au pivert qui a l'embarras du choix entre divers aliments; on lui attribue, en outre, cette phrase : « J'aurais mieux aimé être cuisinier de mes frères que cardinal. » Ce qui a encore rapport à de la nourriture. De plus, il affirma ne vouloir faire que la volonté de Dieu qui est aussi une nourriture, selon cette parole de Jésus : « Ma nourriture est de faire la volonté de celui qui m'a envoyé. » (Jean, ch. IV, 31-34).

armes contre des chrétiens et se jeta sur les Etats de Conrad de Mazovie.

Il fut vaincu, par une juste punition du Ciel et déchaîna sur lui et sur son peuple des calamités vengeresses.

La peste, la famine, les inondations, les épizooties, les irruptions de bêtes fauves affamées, s'abattirent sur ses provinces et y complétèrent les ravages des Tartares que le froid et la faim avaient eux-mêmes fait sortir de leurs solitudes désolées et des profondeurs de la Russie.

Dès la mort d'Honorius, les cardinaux s'étaient bien réunis en conclave dans le palais de Sainte-Sabine en vue de la nouvelle élection. Mais on était à l'époque où la *malaria*, ce fléau de Rome, sévissait avec intensité.

La plupart d'entre eux tombèrent gravement malades et il en mourut six presque coup sur coup. Les autres, effrayés, quittèrent Rome pour aller respirer un air plus pur ailleurs et reprendre leurs forces.

Le conclave s'était ainsi dissous, car un seul cardinal restait, qui refusa de s'éloigner, affirmant que le fléau ne l'attaquerait pas.

A l'exemple d'Hippocrate, qui l'avait employé avec succès à Athènes, quand la peste désola cette ville sous Périclès, il s'avisa d'un expédient qui lui réussit très bien et qui consistait à faire du feu dans tous les appartements du palais quoiqu'on fut au cœur de l'été.

Quand les froids de l'hiver eurent éteint l'épidémie, les cardinaux revinrent à Rome et trouvèrent leur courageux collègue en bonne santé ; tout d'une voix ils le proclamèrent pontife.

C'était Jérôme d'Ascoli, cardinal évêque de Préneste. Jérôme était un savant théologien ; il était franciscain, Ordre dans lequel il avait occupé de hautes dignités, notamment la charge de Général ; Grégoire X l'avait employé comme légat à Constantinople, et plus tard il avait été choisi comme négociateur de la paix, entre les rois Philippe de France et Alphonse de Castille. C'était alors qu'il avait reçu le titre de cardinal et l'évêché de Préneste.

L'hésitation était le caractère dominant de Jérôme devant les honneurs.

— Nous aimerions mieux être cuisinier de nos frères que cardinal, disait-il un jour; nous n'avons accepté la pourpre que dans la crainte d'offenser notre Ordre.

C'est que l'Ordre n'avait plus les sentiments du séraphique stigmatisé et du saint pauvre d'Assise. S'il pouvait être offensé d'un tel refus, saint François en eut été glorifié. Mais autre temps, autres mœurs. Jérôme n'en était pas responsable; il sentait seulement peser sur lui, comme une certaine ironie, la sentence du prophète qui le comparait à un pauvre oiseau obligé de choisir entre des nourritures trop variées et trop peu en rapport naturel avec son humble nature. *Picus inter escas.*

Comme il avait toujours humblement hésité, il hésita encore et il fallut recommencer trois fois l'élection qui, trois fois, proclama son nom.

Il accepta alors la redoutable tiare et le jour même, 20 février 1288, dimanche et férie de la Chaire de Saint-Pierre, il était couronné et prenait le nom de Nicolas IV en reconnaissance pour Nicolas III qui lui avait conféré la pourpre cardinalice.

La brûlante question sicilienne fut, comme de juste, sa première préoccupation, tant elle avait déchaîné de maux sur le monde catholique et tant elle menaçait d'en déchaîner encore.

Il invita les Siciliens et Jacques d'Aragon à l'obéissance et à la soumission pacifique aux volontés du Saint-Siège en leur annonçant que si, à la Saint-Michel, ils ne s'étaient pas soumis, il sévirait contre eux. En outre, il cita Alphonse d'Aragon à son tribunal.

Vers Noël, les ambassadeurs d'Alphonse arrivaient à Rome.

— Très saint pape, dirent-ils, le roi notre maître, nous charge de vous dire que l'état de guerre générale l'a jusqu'ici empêché d'envoyer des députés au Saint-Siège. Pour ce qui est de lui, il vous prie de considérer qu'il est inoffensif en sa personne et ne saurait être rendu responsable des fautes qu'a pu commettre le roi son père. Le roi notre maître vous supplie de remarquer que, par droit héréditaire, il était en possession du royaume d'Aragon, et par la volonté même de son père, bien avant la mort de celui-ci; il vous conjure donc de lui rendre la possession pacifique de son trône et vous offre en échange son entier dévouement à l'Eglise.

— Inoffensif! s'écria Nicolas IV, ma joie serait grande s'il l'était, en effet, comme il le dit; mais il se montre tout autre en envoyant sans cesse de ses nationaux en Sicile, en ne permettant pas que l'interdit pontifical y soit observé, en occupant des terres du roi de Majorque allié à l'Eglise, en retenant prisonnier le prince de Salerne innocent.[1] Il n'a aucun droit sur le royaume d'Aragon qui appartient à Charles de Valois, frère du roi de France. Et pourtant le Saint-Siège est prêt à l'écouter s'il se présente devant lui, et à lui rendre justice sur toutes choses.

Le plus osé parmi les ambassadeurs répondit avec une feinte humilité qui cachait une ironie sanglante :

— Le roi, notre maître, n'aura pas de peine à reconnaître dans les dernières paroles que vient de prononcer Votre Sainteté, le grand désir qu'elle a d'exercer en sa faveur son ministère sacré de paix et de véritable justice. Votre Sainteté, en effet, sait quelle différence il y a à faire entre la prison du prince de Salerne et l'échafaud de Conradin et lequel du

(1) Le fils de Charles d'Anjou, que Pierre d'Aragon avait d'abord emprisonné en Sicile et fait transférer en Aragon.

roi Pierre d'Aragon ou du roi Charles de Sicile a montré là le plus de noblesse. Votre Sainteté sait aussi que la longue chaîne de ses prédécesseurs a toujours proclamé que l'hérédité des trônes était un principe sacré et inviolable sauf en ce qui concerne la couronne du Saint-Empire Romain dont la transmission est élective par essence. Le royaume d'Aragon est à Charles de Valois comme le royaume de Sicile appartenait à Charles d'Anjou par la volonté de ceux qui ont proclamé le droit héréditaire comme un principe intangible. Le roi notre maître a peine à comprendre que Vo're Sainteté consente à se servir de l'arbitraire pour condamner l'arbitraire dont la responsabilité ne lui incombe pas.

A ces audacieuses paroles, un éclair passa dans les yeux du pape Nicolas IV. Il se contint néanmoins et laissa l'orateur continuer.

— Manfred, jadis, tyrannisait la Sicile; Charles d'Anjou, appelé à le dépouiller de son trône, y a-t-il exercé la justice? Il fut un tyran plus odieux que Manfred, avec cette différence qu'il était un tyran plus chrétien. Les Siciliens n'ont-ils pas, en appelant le roi Pierre d'Aragon à leur secours, exercé le droit imprescriptible des peuples opprimés, à se donner à un maître plus humain? Le roi Pierre n'a-t-il pas délivré la Sicile, n'était-il pas chrétien? Tous les ordres de l'Etat, civils et ecclésiastiques, en ne tenant aucun compte des anathèmes et des interdits lancés à ce sujet, n'ont-ils pas manifesté clairement la volonté du royaume? La reine Constance, d'un autre côté, peut-elle être rendue responsable des fautes du roi son époux? Elle vous supplie, très saint Père, de conserver la couronne de Sicile à son fils appelé au trône successivement à son père par le vœu unanime des Siciliens. Ainsi, c'est votre Sainteté qui tient la paix entre ses mains, Elle doit savoir par la triste expérience des années passées comment on peut la maintenir et comment on la trouble infailliblement.

— Je ne saurais, répondit Nicolas, entrer dans aucune de ces vues, dites-le au roi votre maître.

Les ambassadeurs se retirèrent.

Sans perdre de temps, le Pape invitait le roi de France, Philippe-le-Bel, de triste mémoire, à conquérir pour son frère Charles de Valois le royaume d'Aragon et pour lui faciliter cette conquête, lui permettait de prélever pendant trois ans le décime de guerre sur les revenus ecclésiastiques dans ses Etats.

Alphonse d'Aragon se mit aussitôt sur ses gardes.

Son premier acte fut de mettre Charles de Salerne en liberté mais sous des garanties sévères.

Charles s'engageait à donner en otage ses trois fils dont l'aîné resterait libre d'ailleurs, à payer au roi d'Aragon cinquante mille marcs en or et en argent sous caution du roi d'Angleterre pour vingt mille marcs exigibles en cas de non-exécution d'une clause quelconque du traité; en outre, quarante fils aînés de barons et de magnats, chevaliers et bourgeois de Provence, devaient venir en Aragon comme otages. Tout cela devait être accompli par Charles avant qu'il put sortir de prison.

En outre, il s'engageait à réconcilier Alphonse, roi d'Aragon, et Jacques, roi de Sicile, avec le pape dans le courant de l'année de sa libération, sauf à perdre en cas d'insuccès de ce côté cinquante mille marcs sous caution du roi d'Angleterre. D'autres clauses encore achevaient de mettre Charles et tous ses amis à la merci de l'habile roi d'Aragon et de son frère de Sicile.

Charles accepta, se réservant de faire tout casser par le Pape. Pendant ce temps-là, Robert d'Artois méditait un mariage entre le fils aîné du nouvel empereur de Constantinople, Andronic, et la fille de l'héritier nominal de l'empire latin écroulé, Philippe.

Andronic, au moyen de cette union, visait à garantir son

trône d'un coup de main latin, Robert d'Artois, au contraire, y voyait le moyen pratique de dépouiller Andronic de sa couronne.

Le projet, du reste, n'aboutit pas. Michel, fils d'Andronic, épousa la fille du roi d'Arménie et Catherine, fille de Philippe, épousa le frère du roi de France, sans perdre l'espoir de rétablir le trône latin d'Orient.

Pendant ce temps-là, les Guelfes et les Gibelins ensanglantaient l'Etrurie. Florence et Sienne étaient en guerre avec Arezzo et la guerre civile entre trois factions ennemies désolait Pise.

Le célèbre comte Ugolin,[1] maître de Pise, premier magistrat de cette république y triomphait de tous ses ennemis.

Pour célébrer sa victoire il donna un grand festin à ses amis. Comme il s'y montrait d'une joie exubérante, il dit à un de ses familiers, nommé Marc Lombard, un penseur et un philosophe :

— Que te semble-t-il, Marc, mon ami, de ma condition? Ne suis-je pas un homme heureux?

— En effet, répondit Marc, il ne manque rien à ton bonheur, rien, sauf la foudre!

La foudre allait bientôt tomber, en effet.

Roger Ubaldini, archevêque, affilié à la faction Gibeline, sema dans le peuple le bruit qu'Ugolin avait trahi Pise en livrant aux Florentins les forteresses de cette république.

La foule en fureur se rua sur le palais du comte, le fit prisonnier et l'enferma avec sa famille dans un cachot où ils moururent tous de faim,[2] tandis que les Guelfes étaient bannis de la cité.

(1) Le vrai nom d'Ugolin, dont la tragique histoire a été immortalisée par Dante dans son *Enfer*, était Gherardesca.

(2) On dit même qu'Ugolin dévora ses enfants pour prolonger sa vie. On voit encore à Pise la Tour de la faim, où eut lieu ce drame.

Cependant, Charles, libéré des prisons de l'Aragon, était venu trouver le Pape à Réate et celui-ci l'y avait couronné solennellement roi nominal de Sicile.

Rodolphe demandait toujours, de son côté, l'onction impériale sans cesse fuyante à ses vœux.

Nicolas IV continuait aussi à faire de vains efforts pour envoyer une croisade en Palestine et sauver la Syrie. D'autre part, l'Angleterre et la France étaient sur le point de se déclarer une guerre acharnée. Une croisade y eût fait diversion. D'un autre côté, il fallait terminer les affaires de Sicile et de part et d'autre on commençait à devenir forcément moins intransigeant.

En Orient, le dernier boulevard de la chevalerie chrétienne, Saint-Jean d'Acre était anéanti par les Sarrazins et entraînait dans sa ruine toutes les colonies chrétiennes. La chrétienté de Syrie n'existait plus; en quarante ans, les Latins avaient perdu les plus florissantes villes de l'Orient : Jérusalem, Ascalon, Jaffa, Nazareth, Gaza, Césarée, Lalertio, Antioche, Gibeleth, Tripoli, Acre, Tyr, Sidon, Baruth, Tortose, et tant d'autres places secondaires.

Le Pape navré de ce grand deuil fit un suprême appel à l'Europe chrétienne et l'univers entier entendit le cri inutile de sa désolation.

Pendant ce temps-là la mort frappait Alphonse d'Aragon et Rodophe de Habsbourg, cet empereur d'Occident sur le front duquel les torrents de sang qui inondaient l'Europe avaient empêché le chrême du sacre de couler.

On était en l'an 1291.

En Sicile, le vent tournait contre la dynastie d'Aragon. Le bruit y avait été semé qu'Alphonse, avant de mourir, négociait avec le pape la reddition de la Sicile à Charles II.

Tout d'une voix, les Siciliens, accusaient Alphonse de les trahir au lieu de les protéger et le Pape, de son côté, cherchait à tourner leur colère au profit de Charles II en les menaçant de l'excommunication et d'une croisade contre eux s'ils ne chassaient pas leur roi espagnol.

Mais tout cela ne devait aboutir qu'à rallumer la guerre. Pendant qu'en 1292, une horrible famine compliquée de la peste désolait les royaumes musulmans et qu'Edouard d'Angleterre songeait à profiter de ces calamités pour aller en Orient tenter une nouvelle croisade qu'il ne devait pas accomplir, d'ailleurs, et dont il eut été, sans doute, la première victime, le pape Nicolas IV mourait au milieu des soucis que lui donnait l'inextricable et sanglant chaos de la politique universelle et, selon son propre vœu, il allait dormir sous une humble dalle de la basilique de Sainte-Marie-Majeure qu'il avait restaurée en attendant qu'un autre franciscain, Félix Péretti de Montalto, qui sera Sixte-Quint, lui élève un splendide monument.

La division, la guerre civile, la famine et les épidémies étaient au seuil du futur pontificat, qui sera une confusion de plus dans cette confusion sinistre augmentée encore par une vacance du trône pontifical, de deux ans et trois mois.

XIII

DE L'ERMITAGE AU TRONE.[1]

Les malheurs sont comme les démons, ils vont par troupe. La division affreuse du monde politique chrétien en Europe était un très grand mal; l'Eglise allait en supporter un plus grand au cœur même de sa hiérarchie et dans ce Sacré-Collège auquel était dévolue la haute mission de choisir les pontifes.

Sur douze cardinaux qui le composaient, il y avait six Romains, quatre Italiens et deux Français. Or, leur esprit reflétant les grands troubles de l'époque, ils étaient divisés en deux camps.

L'un de ces camps qui avait pour chef Mathieu Orsini, était entièrement dévoué au parti de Charles II roi nominal de Sicile et n'avait qu'un but, élire le plus vite possible l'un

(1) *Ex eremo celsus*, dit la prophétie de S. Malachie au sujet du règne de S. Célestin V (Pierre Mouron). Ce pape était un pauvre ermite entièrement occupé des choses de Dieu et absolument incapable de rien comprendre à l'effrayant mécanisme que dirigeaient les souverains pontifes. On l'accusera de faiblesse d'esprit, et, après l'avoir fait démissionner, on le tiendra captif jusqu'à sa mort, de peur d'un schisme. Son prudent gardien sera son remplaçant même, Boniface VIII, qui le tiendra dans une cellule de la forteresse de Fumone, sous l'œil de six chevaliers et de trente soldats. Le saint ne s'en plaindra pas, d'ailleurs.

d'entre eux dans les mêmes vues. Pendant ce temps-là l'autre camp qui avait pour chef Jacques Colonna, hostile à ces idées, mettait tout en œuvre pour retarder cette élection.

L'évêque d'Ostie, Latinus, orateur éloquent, en face de ce triste spectacle faisait tous ses efforts pour ramener la concorde entre les deux partis et avec elle une solution prompte.

Tous ses efforts étaient vains. Le conclave se déplaçait perpétuellement, essayant sans résultat à chaque déplacement de constituer une majorité de suffrages impossible à atteindre dans de telles conditions.

Pendant que les cardinaux se disputaient ainsi la tiare, les patriciens de Rome se disputaient la dignité de sénateur et le peuple, de son côté, se battait dans les rues de la ville éternelle, livrée à la guerre civile, à la confusion, au massacre, au vol armé et à l'incendie. Le soleil lui-même, au plus fort de l'été, embrasait l'atmosphère et déchaînait l'épidémie de la malaria avec ses fièvres pernicieuses.

Un des deux cardinaux français en mourut, pendant qu'un de ses collègues, le cardinal campanien Benoît Gaétan, le futur Boniface VIII, semblait presque à l'agonie.

Frappés de terreur, Hugues d'Auvergne, le cardinal français survivant et les trois autres cardinaux italiens s'enfuirent de Rome comme d'un lieu maudit et s'en allèrent à Réate pour respirer un air moins impur.

Il ne resta à Rome que les six cardinaux romains qui, étant de la ville même, étaient assez acclimatés pour braver la *malaria* si funeste aux étrangers.

Hélas! ceux-là mêmes étaient divisés! Trois d'entre eux tenaient pour la faction des Orsini, les trois autres pour la faction des Colonna, de sorte que quand leurs collègues revinrent de Réate toutes choses étaient encore au même point.[1]

(1. Bareille, *Hist. de l'Église.*

Et cependant, rien n'était alors plus urgent que d'élire un souverain pontife.

Le trône du Saint-Empire-Romain d'Occident, vacant par la mort de Rodolphe de Habsbourg qui dormait son dernier sommeil dans les caveaux royaux de Spire, avait aussi besoin d'un successeur et déjà les grands électeurs s'agitaient dans ce but, partageant leurs suffrages entre Albert d'Autriche et Wencelas roi de Bohême.

Ni l'un ni l'autre de ces deux princes, d'ailleurs, ne pouvait raisonnablememt être choisi.

Wenceslas de Bohême eut la sagesse de décliner toute offre de ce genre et de déclaror que le fardeau d'une telle couronne n'était pas fait pour ses épaules. Modération bien rare à une telle époque!

Quant à Albert d'Autriche, son avènement à l'empire eut été contraire au caractère électif de la succession impériale en Allemagne.

Enfin les électeurs réunirent leurs suffrages sur un homme renommé comme guerrier parmi les barons de la Germanie, mais sans fortune et sans grande parenté ni influence, motifs qui, peut-être, militèrent en sa faveur en ce sens que nul ne pouvait prendre ombrage à son sujet.

C'était Adolphe de Nassau.

Le 25 juin 1292, il était couronné solennellement à Aix-la-Chapelle.[1]

A Rome, pendant ce temps-là, sévissaient toujours la discorde et la guerre civile autour des compétitions sénatoriales.

Quant aux cardinaux, leur situation était la même. Trois d'entre eux habitaient Rome et les autres formant la majorité du Sacré-Collège s'étaient retirés à Réate, divisant ainsi

(1) Non pas comme titulaire du Saint-Empire-Romain, titre que seul le pape pouvait conférer, mais comme empereur d'Allemagne.

le Conclave permanent de sorte que si par malheur chacun des deux tronçons se fut avisé d'élire un pape sans consulter l'autre, un schisme désolant pouvait s'en suivre.

Heureusement, il semble qu'ils n'y aient pas songé, car, divisés même sur la question préliminaire qui comportait le choix d'un lieu unique de réunion, ils nommèrent d'un commun accord des arbitres chargés par eux de choisir ce lieu de conclave et de le leur désigner.

Allez à Pérouse, leur répondirent leurs arbitres, nous fixons à la Saint-Luc le jour de votre réunion en cette ville.

Ils s'y rendirent docilement.

Sur ces entrefaites, à Pérouse même se trouvait Charles II le roi de Sicile sans trône, venu dans cette ville avec son fils aîné Charles Martel, roi de Hongrie.

— Hâtez-vous, leur dit Charles, de remplir votre office et ne prolongez pas davantage la vacance du Saint-Siège. Jamais nous n'avons eu plus besoin d'un pape.

Il était sincère, car il parlait surtout dans son intérêt. Mais, certes, d'autres intérêts plus grands encore se fussent trouvés, bien qu'il y eut alors un pape médiateur de la paix.

Entre l'Angleterre et la France, une guerre terrible s'était allumée. Pour quelle raison? L'histoire n'en a jamais rien su, pas plus sans doute, que les belligérants eux-mêmes.

Des marins des deux nations s'étant enivrés, s'étaient pris de querelle et de cette dispute d'ivrognes était née une hostilité brutale qui couvait les plus grands excès.

Edouard d'Angleterre et Philippe le Bel, d'ailleurs, étaient ennemis jurés.

Outre cette bonne haine si commune à tout vassal contre son suzerain, Edouard avait une autre raison encore pour fomenter la guerre contre Philippe, il lui fallait des prétextes qui l'excusassent, en apparence, d'avoir manqué à son vœu plusieurs fois fait d'entreprendre une croisade en Terre-

Sainte où il n'avait nulle envie d'aller. La guerre lui semblait un abri contre les anathêmes du pape. On ne peut, en effet, en bonne justice, obliger un roi à accomplir un vœu aussi important quand son propre royaume est en péril.

Il eut pu profiter d'une plus pacifique excuse. En effet, le souffle des croisades était à jamais refroidi en Europe et il était, désormais manifeste que l'Occident se désintéressait complètement du sort des chrétientés latines d'Orient.

Certes, l'Occident eut mieux fait de mettre un terme à ses luttes fratricides et d'aller utiliser son sang contre les musulmans. Mais quoi! au lieu de s'entretuer ici, ils eussent été comme leurs pères s'entretuer là-bas, là-bas, dans cet Orient, où en ce moment même, les chrétiens même de ce pays s'entrégorgeaient aussi sous les yeux des Sarrazins étonnés de voir leurs ennemis plus occupés de se détruire eux-mêmes que de se défendre en union pour une même cause!

A Pérouse, les Cardinaux étaient toujours censés réunis en conclave permanent et nul ne pouvait dire quand finirait cet étrange conclave.

Ce qu'il y avait de certain, c'est que Nicolas IV était mort depuis vingt sept mois et que le fruit de ces longues discussions était que maintenant les électeurs pontificaux ne pouvaient même plus se trouver seulement deux du même avis, sur un seul nom.

Certes, une situation si étrange et si désastreuse était bien faite pour faire apprécier toute la sagesse de Grégoire X lorsqu'il avait imposé sa fameuse et célèbre constitution au Sacré-Collège, et pour faire amèrement regretter l'imprudence double d'Adrien V et de Jean XXI, qui l'avaient si partialement et si imprudemment abrogée.

Il n'y avait pas de raison pour qu'une telle situation ne se prolongeât pas davantage encore, lorsqu'un incident, en quelque sorte providentiel, y mit fin tout-à-coup.

Un matin, le cardinal-évêque d'Ostie parut devant ses

collègues avec un visage tout autre qu'à l'ordinaire. Ils le remarquèrent et l'un d'eux lui dit :

— Qu'avez-vous, aujourd'hui? Le Saint-Esprit aurait-il daigné vous choisir pour son truchement parmi nous, qui sommes vraiment bien forcés de nous reconnaître bien indignes de ses lumières, comme le fait ne le montre que trop clairement?

— Ecoutez, répondit l'évêque d'Ostie de sa voix la plus grave, j'ai connu, dans un songe, cette nuit même, le nom du pape que nous devons élire sans tarder pour le bien de l'Eglise et l'honneur de notre conclave et je vais, si vous le voulez bien, vous le dire; croyez-moi, nommons-le, c'est la volonté du ciel.

Quel pouvait bien être ce nom? chacun avait le désir et appréhendait, à la fois, de l'entendre prononcer. Allait-il accorder les électeurs ou les diviser davantage encore, quoique cela parut difficile!

L'évêque d'Ostie vit sur les visages de ses collègues ce double sentiment se peindre en couleurs expressives; aussi, se hâta-t-il de dire :

— Ce n'est pas moi, d'abord. Ensuite, ce n'est aucun d'entre nous et même, le nom que je vais vous dire n'a jamais été prononcé permi nous, et, de plus, c'est un nom très obscur et bien ignoré du monde.

Une bonne part d'inquiétude disparut des visages.

— Parlez! parlez! s'écrièrent les cardinaux, ne nous laissez pas plus longtemps en suspens.

— Il s'agit, dit l'évêque d'Ostie, d'un pauvre ermite nommé Pierre, qui vit dans la solitude depuis tantôt cinquante ans, sur le mont Murrone. Voila le nom qui m'a été désigné comme celui du futur pape. Nommons-le, nous ferons bien. C'est un pauvre homme qui sera certainement bien surpris du sort qui l'attend.

Inspiré ou non, l'avis du cardinal-évêque d'Ostie fut

suivi. Ce choix ne portait ombrage à personne; un ermite aussi invétéré ne pouvait guère devenir un pape gênant et son âge, sans doute avancé, faisait espérer que son pontificat probablement court aurait surtout l'avantage, en dénouant une situation trop tendue, de permettre une réflexion moins dangereuse et plus utile.

Mais, sans doute, ce pontificat était prévu par la Providence, puisqu'un voyant l'avait connu et désigné sous cette devise significative, du fond de sa solitude d'Armagh et à cent cinquante ans de distance : « *Ex eremo celsus!* ».

XIV

UN NOUVEL ANTOINE.

Sur la montagne de Murone, au pied de laquelle s'étend la ville de Sulmona non loin de Corfinum, dans une petite cellule, presque murée, qui ne prenait jour que par une étroite fenêtre grillagée, vivait un saint solitaire qui avait une histoire bien édifiante.

C'était Pierre de Murone.

Pierre était né, il y avait déjà bien longtemps, au bourg d'Isernie, sur les confins de l'Abruzze et de la Pouille, en Italie, le onzième des douze enfants d'un pauvre et rude laboureur.

Dès son bas âge, ses sentiments pieux lui avaient valu, de la charité sans doute, le bienfait d'une instruction assez étendue, grâce à laquelle un avenir heureux paraissait s'ouvrir devant lui.

Mais le jeune homme avait d'autres pensers. Tout son esprit était porté vers la contemplation et, à peine âgé de vingt ans, refusant tout ce que le monde pouvait lui promettre de biens ou d'honneurs, il s'enfuit dans une forêt sauvage où, pendant six jours, il jeûna et pria.

De là, il s'en fut, gravissant une haute montagne, à la

recherche d'une caverne qu'il découvrit et dont il prit possession comme d'un tombeau, sans autre vêtement qu'un sac et d'autre lit que la terre nue.

Pendant trois ans il demeura là, jeûnant et priant, en proie aux mêmes et terribles assauts diaboliques qui, jadis, avaient rendu célèbre la solitude non moins affreuse de saint Antoine.

Effrayé par ces luttes qui menaçaient de dépasser ses forces et de le terrasser, il se mit en route pour Rome, afin d'y recevoir les ordres sacrés, espérant trouver des forces spirituelles plus grandes dans l'exercice des fonctions sacerdotales.

Devenu prêtre, il quitta la ville éternelle, et, en passant à Faifola, où se trouvait un monastère bénédictin, il y entra et se fit moine de l'ordre et sous la règle de saint Benoit, le glorieux patriarche des moines d'Occident.

Mais Pierre était de ces hommes dont l'austérité exceptionnelle n'est pas toujours bien accueillie dans les couvents, où l'on tient souvent à une moyenne en rapport avec les forces générales des religieux qui les habitent et le fonctionnement uniforme de la règle.

Aussi, bientôt son abbé l'engagea à profiter de la permission qu'il lui octroyait de se retirer dans telle solitude qui lui agréerait aux environs.

Pierre obéit et vint chercher ce refuge sur le mont Murone. Il le trouva sous la forme d'une grotte naturelle dont il s'apprêtait à prendre possession, lorsqu'il s'aperçut qu'un hôte terrible l'avait devancé dans cette retraite et l'occupait déjà.

C'était un énorme serpent que chassa le saint, pour prendre sa place.

Pendant cinq ans il demeura là, dans ce désert, souffrant la faim, le soif, le froid, le chaud et toutes les autres misères qui accablent de pauvres solitaires, dénués des choses les plus indispensables à la vie humaine.

Cependant, sa retraite ne tarda pas à être découverte et bientôt il eut des disciples.

Pierre songea alors à fonder un monastère et il se retira avec eux, sur le mont Majella, solitude affreuse, où ne croissaient guère que des épines.

C'était en 1251.

Le monastère se composait d'un certain nombre de huttes construites avec des ronces. On y était dénué de tout, même des choses les plus indispensables à l'existence humaine. Mais malgré le conseil qu'on leur donnait de chercher un lieu plus favorable, ces nouveaux moines restèrent là, comptant sur la Providence et la grâce divine.

Pierre songea alors à leur donner une règle, et, se souvenant des déboires et des amertumes du séraphique François d'Assise, durement ramené par l'autorité pontificale dans les sentiers battus, alors qu'il avait mission, d'ouvrir de nouvelles voies,[1] il se contenta de leur donner la règle de Saint-Benoit sous laquelle il avait fait naguère, lui-même, profession religieuse au monastère de Notre-Dame à Faifola.

Grégoire X, à sa demande, approuva le nouvel ordre de Pierre qui, après avoir sagement organisé sa congrégation, se hâta de chercher de nouveau la solitude, comptant bien s'y renfermer pour le reste de ses jours.

Là, il se mit au régime des plus incroyables austérités.

Il portait sur sa chair nue un cilice de crin de cheval tout noueux et une ceinture de fer. Il couchait sur la terre nue, avec un morceau de tronc d'arbre pour oreiller. Sa

(1) De nouvelles voies qui n'étaient que les vraies voies évangéliques primitives. S. François d'Assise différait, toutefois, de Pierre de Murone, en ce sens qu'il ne voulait pas créer de groupements conventuels, mais socialiser, en quelque sorte, la sainteté et la pratique de l'Evangile, en répandant ses frères primitifs dans la Société tout entière, pour la régénérer par des exemples dont elle avait grand besoin. Ce fut le pape Innocent III qui annihila cette conception en exigeant un groupement monastique qui donna naissance à l'Ordre Franciscain régulier sous forme conventuelle.

nourriture habituelle se composait de pain de son grossier, noir et dur. Il jeûnait quatre carêmes par an, et pendant ces quatre carêmes, il prenait à peine, de la nourriture une fois tous les trois jours. Pendant trois de ces carêmes, il ne mangeait pas même de son pain de son et ne prenait, comme nourriture, que des herbes crues.

Pendant ce temps-là, l'ordre qu'il avait fondé prospérait. En très peu de temps, la nouvelle congrégation avait fondé trente-six monastères, dans lesquels il y avait plus de six cents religieux.

Le nom de Pierre commençait à être connu et son influence passait de ses monastères, dans les populations d'alentour.

Cette célébrité troubla nécessairement sa retraite. Il la quitta pour aller se cacher dans un désert, appelé Saint-Barthélemy-en-Loge, où il habita quelque temps avec deux disciples.

Mais bientôt, la retraite des trois solitaires fut découverte et ils partirent à la recherche d'une solitude plus profonde.

Ils la trouvèrent dans la vallée d'Orfente, sous la forme d'une caverne de si difficile accès, que pour s'y rendre il fallait s'attacher aux rochers avec des crochets.

Mais bientôt encore cette retraite ne fut plus un secret. On la découvrit et les foules y vinrent comme en pèlerinage.

— C'est, dit Pierre à ses deux compagnons, que Dieu s'oppose à notre désir. Retournons donc à notre monastère du mont Murone.

Quittant donc le désert, les trois ascètes rentrèrent parmi leurs frères.

On était alors en 1292 et, dans le monde catholique tout entier, on commentait avec étonnement l'étrange situation de ce conclave qui s'éternisait dans des disputes stériles et néfastes, sans pouvoir arriver à s'entendre sur un seul nom pour le pontificat.

Pierre eut alors une inspiration naïve; il écrivit au cardinal-évêque d'Ostie qu'il avait vu autrefois à Rome, lorsqu'il y faisait les démarches pour l'approbation de son Ordre, que si le Sacré-Collège ne se hâtait pas d'élire promptement un pape, la colère de Dieu éclaterait.[1]

L'humble solitaire connaissait sans doute peu les hommes et les retours bizarres de leur caractère impondéré en toutes choses, sans cela, il n'eut pas eu de peine à deviner que la première victime de l'entente des cardinaux, serait lui-même et qu'il boirait jusqu'à la lie le calice qu'il se versait sans le savoir.

(1) D'après les Petits Bollandistes auxquels nous empruntons ces détails sur Pierre de Murone, fondateur de l'Ordre des Célestins.

XV

L'ENTRÉE A JÉRUSALEM !

Six hommes gravissaient, sous un ardent soleil, la montagne de Murone, par un sentier très rude où, haletants et couverts de sueur, ils pouvaient à peine passer à deux de front.

Cinq d'entre eux étaient des députés envoyés par le conclave et le sixième était leur guide, l'abbé du Saint-Esprit de Magelle, chef du nouvel Ordre des Célestins, fondé par Pierre.

Ces députés étaient l'archevêque de Lyon, l'évêque de Porto et celui d'Urbevetana, accompagnés de deux notaires apostoliques.

Ils arrivèrent enfin à une misérable hutte, suant et soufflant d'un tel labeur, inouï pour eux.

Ils virent alors un vieillard vêtu de sordides haillons qui le couvraient à peine, amaigri par les jeûnes et les austérités qui en avaient fait presque un squelette, courbé en outre sous le poids des années, et dont le visage osseux, éclairé seulement par deux prunelles ardentes sous leurs arcades sourcillières sombres comme des cavernes, disparaissait sous les rudes broussailles d'une barbe et d'une chevelure incultes.

C'était Pierre, âgé de soixante-douze ans.

Le vieillard regarda ses visiteurs qui, se découvrant, se prosternèrent devant lui.

Sans rien dire, il se prosterna lui même devant eux, ne comprenant rien à cette scène, peu habitué qu'il était à recevoir la visite de si hauts personnages ecclésiastiques. Cependant, l'archevêque de Lyon avait rompu le silence.

— Très saint et illustre Père, daignez entendre la communication que nous avons mission de vous faire, au nom du Sacré-Collège des Cardinaux dont nous sommes les envoyés et qu'un des notaires ici présents va vous lire.

En entendant ces paroles le saint releva la tête et l'on vit ses yeux se remplir de larmes.

Déjà le notaire avait déroulé son parchemin et lisait :

« Au Nom de l'Indivisible Trinité, Père, Fils et Saint-Esprit... Nous, par la divine miséricorde, frère latin d'Ostie, Gérard de Sabine, Jean de Tusculum, frère Mathieu de Porto, cardinaux-évêques, Pierre de Saint-Marc, Hugues de Sainte-Sabine, Benoit de Saint-Martin, cardinaux-prêtres, Mathieu de Sainte-Marie *in Porticu*, Pierre de Saint-Eustache, Néapoleo de Saint-Adrien, Jacques de Sainte-Marie in *via Lata*, cardinaux-diacres, faisons savoir que l'an du Seigneur 1294, dans le mois de juillet et le cinquième jour de ce mois, la chaire apostolique étant vacante par la mort du pape Nicolas IV, d'heureuse mémoire, après de vains efforts tentés à plusieurs reprises et dans divers temps pour élire un Souverain-Pontife, nous sommes de nouveau réunis dans ce but.

» Etait absent, notre vénérable frère, du titre de Saint-Marc, cardinal-prêtre nommé plus haut, que la maladie retenait en son domicile.

» A cette réunion fut prononcé, contre toute attente, le nom d'un saint religieux, Pierre de Murone, appartenant à l'Ordre de Saint-Benoit ; et tous, d'un consentement unanime, comme par inspiration, nous le désignâmes pour la Papauté; c'était lui qui, dans notre soudaine conviction, mettrait un terme au long veuvage de l'Eglise.

» Avant de procéder à l'élection, nous voulûmes cependant avoir l'assentiment du cardinal Pierre; il embrassa notre avis sans hésiter.

» Désirant encore nous prémunir contre toute surprise, agir avec plus de sécurité, nous déléguâmes nos pouvoirs à l'évêque d'Ostie, pour l'élection définitive. Investi de cette mission, il la remplit devant nous séance tenante. En son nom, au nom de ses collègues, il proclama Pierre de Murone Vicaire de Jésus-Christ, Pontife et Pasteur de l'Eglise Romaine, et ce choix fut acclamé par tous les membres du Sacré-Collège des Cardinaux sans exception.

» C'est pour l'attester et le rendre indubitable que nous avons fait dresser le présent acte et que nous l'avons muni de nos sceaux à la suite de nos signatures.[1] »

— Très-saint Père, dit l'archevêque de Lyon, veuillez nous dire sous quel nom vous voulez être proclamé Pape.

Pierre de Murone continuait à pleurer et son visage reflétait la stupeur et l'effroi.

A la fin il s'écria :

— Hélas! comment avez-vous pu tomber dans une pareille erreur? nul n'est plus indigne ni plus incapable que moi de prendre sur ses épaules un tel honneur et un tel fardeau. Laissez moi, je vous en prie, vous faire toucher du doigt votre erreur, je vous convaincrai, je l'espère.

— Nous ne sommes convaincus que d'une seule chose, qui est certaine, dit l'archevêque de Lyon, c'est que vous êtes pape et que vous n'avez pas le droit de vous dérober au choix du Sacré-Collège, qui est celui du Saint-Esprit. Car ceux qui,

(1) *Ext. in Tabul. monast. S. Spiritus in Mugella*; ap. Wadding, num. 1, *hoc anno et alibi*. — Bareille, *Hist. de l'Eglise*.

depuis vingt-deux mois, n'ont pu tomber d'accord, ne se sont ainsi unis sur votre nom que par la grâce de Dieu qui vous désigne pour pacifier l'Eglise.

Le solitaire, alors, supplia et voyant ses supplications inutiles, jeta autour de lui les regards d'un homme qui vient de prendre, tout à coup, la résolution de s'enfuir.

L'archevêque de Lyon devina ce mouvement et montrant à l'ermite de nombreuses personnes qui, déjà, ayant eu vent de la chose, gravissaient les premières pentes de la montagne s'écria :

— Trop tard! Vous êtes Pape!

— Bien, répondit le solitaire d'un ton résigné, permettez-moi seulement de me recueillir un instant.

Il se mit alors à prier en silence, puis il dit :

— Je ne vous ferai pas de grands discours. J'accepte le pontificat et je consens à mon élection par soumission, de crainte de résister à la volonté de Dieu et de manquer à l'Eglise dans son besoin.

Aussitôt les députés lui baisèrent les pieds. Le solitaire, à son tour, les baisa à la bouche.

Alors il se tourna vers un jeune moine, son fidèle compagnon de solitude, nommé Robert de Salente et lui dit :

— Voici, mon bien-aimé frère, que je m'en vais quitter ces lieux bénis pour aller au supplice. Ne m'abandonnez pas dans mon malheur. Cette parole des temps antiques ne sortira-t-elle pas, une fois encore, de votre bouche : « Où allez-vous, Père, sans votre fils? Où allez-vous, Pontife, sans votre diacre? »

— Père, s'écria le jeune moine en pleurant, vous m'avez appris à dédaigner le monde, à mépriser les pompes et les grandeurs de la terre pour n'aimer que Jésus-Christ et ce qui mène l'homme à Dieu, le silence, la paix, l'abnégation, la solitude; ayez pitié de moi; ménagez ma faiblesse; ne m'exposez pas au danger. Permettez que je vous succède dans votre indigente cellule, au lieu de vous accompagner parmi les richesses et les honneurs.

— Je vous envie, dit Pierre; mais qu'il en soit fait selon votre saint désir. Pour moi, je m'en vais où Dieu m'ordonne d'aller.

Déjà une foule acclamait le nouveau pape et l'escorta en triomphe.

Bientôt après, il faisait son entrée dans la ville d'Aquila. Au devant de lui, étaient venus le roi Charles II et son fils, le roi de Hongrie, Charles Martel.

On avait organisé une marche triomphale; la blanche haquenée splendidement ornée et sur laquelle la tradition voulait que montassent les pontifes, en cette solennelle circonstance, hennissait d'un air joyeux, attendant son vénérable cavalier.

— Non, non, dit Pierre, c'est à pied que je voudrais marcher si mes forces me le permettaient. Du moins, ce n'est pas de cette splendide monture que je veux user, mais d'une humble ânesse, car c'est ainsi que Jésus, mon maître, entra à Jérusalem où il devait être crucifié.

On lui amena un pauvre âne sans ornement sur lequel le vieillard s'installa, tandis que les deux rois se placèrent à ses côtés, selon l'usage, tenant le misérable frein de fer avec autant de solennité que s'il eut été d'or, enrichi et resplendissant de gemmes précieuses, tandis que, non loin de là, des hérauts conduisaient leurs superbes destriers.

Ce fut ainsi que le nouveau pontife entra dans la ville d'Aquila aux acclamations du peuple qui criait :

— Béni soit celui qui vient au nom du Seigneur!

De minute en minute, la foule augmentait, et son enthousiasme s'exaltait, comme s'il se fut agi du Christ lui-même.

Forçant les cordons de l'escorte du pontife et sans égard pour les récriminations des satellites de ce saint, on apportait de tous côtés des infirmes et des malades pleins de l'espoir que s'ils pouvaient seulement toucher le bord de ses pauvres vêtements ils seraient guéris.

Cette touchante espérance, ne fut pas déçue et beaucoup recouvrèrent ainsi la santé.

Un homme du peuple qui n'avait pu approcher du saint à cause de la foule, et qui apportait de loin son fils paralysé des deux jambes, guetta le moment où il serait assez près de l'âne lorsque Pierre en serait descendu. Il y assit son enfant qui se mit à bondir sur ses jambes guéries, avec des transports de joie.

Pendant ce temps-là, les cardinaux, réunis à Pérouse, attendaient avec impatience, dans cette ville, le nouvel élu, pour le conduire à Rome où ils voulaient le sacrer et le couronner solennellement.

— Venez, au plus tôt, lui écrivirent-ils, très-saint Père ; après une si longue vacance du Saint-Siège, chacun de vos retards est un nouveau danger, et vous-même êtes loin d'être en sûreté dans ce royaume de Naples toujours en butte aux incursions des Siciliens et des Aragonais, tandis que la sécurité vous attend dans les Etats de l'Eglise.

De son côté, le roi Charles II faisait tous ses efforts pour dissuader Pierre de se rendre aux vœux des cardinaux.

Dans cette alternative, Pierre déclara que son intention était de demeurer à Aquila pour y être sacré, et il manda aux cardinaux d'avoir à venir, pour cet objet, en cette petite cité à laquelle venait d'échoir un si incroyable honneur.

Grandes et sonores leçons que celles que donnait ainsi ce pape à l'Eglise et au monde.

Sur ces entrefaites, mourait l'évêque d'Ostie qui avait, par tradition, le privilège de sacrer les pontifes romains.

Ce ne fut qu'après ses funérailles, que les cardinaux arrivèrent, chacun de son côté, auprès du nouveau pape, séparément et en ordre selon leur degré hiérarchique.

Pendant tout ce temps-là, la foule ne cessait d'assiéger la demeure de l'humble pape, ne sollicitant d'autre faveur que de voir son visage et de recevoir sa bénédiction.

Pierre n'avait, pour ainsi dire, pas le temps de faire autre chose, que de se montrer incessamment au peuple et de le bénir.

Ce fut le jour de la Décollation de saint Jean-Baptiste qui fut choisi pour la cérémonie du sacre.

Celui qui marchait en victime résignée au trône de saint Pierre, ne s'étonna pas, sans doute, de cette coïncidence que les anciens n'eusssent pas manqué de prendre pour un présage de martyre.

Il fallut, d'abord, nommer un évêque d'Ostie afin de posséder le Consécrateur traditionnel. Ce fut Hugues de Sainte-Sabine qui fut élu et sacré par les mains de l'archevêque de Bénévent.

L'honneur inouï qui venait d'échoir à la petite ville d'Aquila, d'importance fort secondaire et de création récente, puisqu'elle avait été fondée par l'empereur Frédéric II, attira dans ses murs, pour la solennité, près de deux cent mille personnes.

Dans une pompe extraordinaire et plus que royale, l'humble ermite fut sacré et couronné sous le nom de Célestin V.[1] Ainsi parut un ermite, sur le plus grand trône du monde, et malgré lui, celui dont un prophète avait écrit pour cette époque : *Ex eremo celsus.*

(1) Célestin V accorda, en souvenir de cette solennité, une indulgence à quiconque visiterait désormais l'église de Sainte-Marie d'Aquila où avait eu lieu son sacre. Le pape Benoît VIII abolira immédiatement cet éphémère privilège, comme il annulera presque tous les actes pontificaux de S. Célestin V qu'il va bientôt remplacer et faire garder à vue jusqu'à sa mort.

Le lendemain de son abdication, Pierre de Murone guérissait instantanément un paralytique. (P. 168.)

XVI

LES BORDS DE LA COUPE.

Le premier soin de cet ermite pontife fut de se faire ménager, au milieu des splendeurs du château de Charles II, une pauvre cellule dans laquelle il résolut d'habiter et de vivre.

Au lieu d'envoyer, comme les autres pontifes, une retentissante encyclique au monde chrétien, pour annoncer son avènement, il réduisit ce document traditionnel à une simple et humble lettre adressée à l'archevêque de Ravenne, entendant viser, en sa personne, l'épiscopat tout entier.[1]

Dans cette lettre, le nouveau pape fait l'historique des circonstances de son élection au souverain pontificat, il proteste humblement de son indignité à un tel honneur et de sa faiblesse à porter un tel fardeau. Se souvenant de l'enseignement de Jésus, son divin maître et modèle : « que le premier d'entre vous soit le dernier et le serviteur de tous, »

(1) On a accumulé autour de Célestin V et de ses actes pontificaux, le plus de ténèbres possible, comme si son époque, ses contemporains et l'Histoire eussent eu honte ou irritation au contraste de sa sainte vie si peu en rapport avec les mœurs du temps. Mais les efforts patients des érudits sont arrivés à en retrouver des traces suffisantes dans les archives Vaticanes maintenant grandes ouvertes par le Pape Léon XIII.

loin de se montrer comme un potentat tout puissant, il implore les prières de ses frères les évêques, il les supplie de l'aider à porter sa couronne d'épines et sa lourde croix.

En même temps, se souvenant qu'il est le Vicaire de Celui qui disait à ses disciples : « Je vous apporte ma paix, je vous donne ma paix », sachant aussi qu'il n'y a pas de paix hors de la charité, qui n'existe pas sans la justice parfaite, car Jésus aussi a dit : « Cherchez d'abord le règne divin de la Justice, et c'est alors que s'équilibreront toutes choses à votre avantage et par surcroît, » sachant que l'égoïsme et l'individualisme engendrent et régissent toutes les iniquités et tous les crimes, de quelque nom pompeux que le monde aveugle et hypocrite les décore, Célestin V écrivit une autre lettre aux rois des nations chrétiennes, pour les rappeler aux véritables sentiments de la justice, de la paix et de la foi.

La Sicile était naturellement le royaume sur lequel penchait le plus sa sollicitude, et le roi nominal de ce pays, Charles II, prince moins guerrier, plus prudent, plus modéré et plus sage que son père Charles d'Anjou, était l'objet, de la part de Célestin, d'une affection, peut-être antérieure à son élection au souverain pontificat, mais qui, en tout cas, ne ressemblait pas aux amitiés ordinaires des souverains entre eux.

Cette affection, chez Célestin V, reposait sur un sentiment profondément religieux et s'élevait à la hauteur d'un principe.[1]

Célestin comprenait que la cloche des Vêpres Siciliennes avait sonné le dernier glas des croisades en Orient, et surtout que la division entre Palerme et Naples, Charles II et Jacques d'Aragon, achèverait d'en éteindre l'esprit. Aussi, son plus grand désir était-il de régler cette épineuse question.

En sa qualité d'ami de Charles II, il eut voulu le voir

(1) Bareille, *Hist. de l'Eglise.*

récupérer son trône et négocier la paix entre lui et Jacques qui, venant de succéder à son frère Alphonse récemment décédé, gouvernait, à la fois, le royaume d'Aragon et celui de Sicile.

Etranger aux subtilités habiles et dangereuses de la diplomatie, il allait tenter, néanmoins, sans autre inspiration que celle du bien, de poser les bases d'un arrangement.

Tout d'abord, rompant avec l'intransigeante manière de ses prédécesseurs, il se présente en père et en ami à Jacques d'Aragon, et lui offre de lever tout interdit et toute excommunication lancés contre les Siciliens, leurs chefs ou leurs auxiliaires.

En échange, Jacques s'engage à restituer immédiatement toutes les places conquises et possédées par lui dans le royaume de Naples ; à remettre à l'Eglise Romaine, dans l'espace de trois ans, toute la Sicile, l'île de Malte et toutes les îles adjacentes, habitées ou non; enfin, à compter la période de ces trois ans à dater de la Toussaint 1294.

Cette restitution effectuée, le pape s'engage, de son côté, à ne déléguer le gouvernement, dès l'année suivante, qu'à des personnages agréés par le roi d'Aragon, lequel promet encore, au cas où les Siciliens repousseraient l'autorité pontificale, de les obliger à s'y soumettre, par tous les moyens persuasifs d'abord, et par la force, ensuite, s'il est nécessaire et à ses frais. Le roi d'Aragon s'obligeait de plus, à renvoyer tous les otages qui se trouvaient en sa possession depuis et à l'occasion de la mise en liberté du roi de Naples, Charles II, et, nommément, ses trois fils encore retenus en Catalogne, Louis, Robert et Raymond Béranger.

Jacques d'Aragon n'avait subi aucun revers capable de lui faire accepter un tel traité, et le caractère de sa vaillante race n'était pas de ceux qui s'humilient volontiers devant la force ou l'arbitraire.

Un pauvre ermite plein de l'esprit de Dieu avait, au nom

de l'Evangile, opéré ce prodige et obtenu ce que n'avaient pu obtenir les violences des autres qui agissaient, pourtant, en grands diplomates et en irrésistibles potentats.

Ce n'était pas tout ; Célestin V s'engageait encore à agir auprès du roi de France, Philippe-le-Bel, et de son jeune frère Charles de Valois, pour les amener eux-mêmes à se désister de leurs prétentions à s'emparer des royaumes d'Aragon et de Valence, sur lesquels les prédécesseurs de Célestin les avaient lancés comme des chiens à la curée. L'acte pontifical sur lequel ces prétentions étaient fondées, le Saint Pontife, au nom du Saint-Siège, l'annulait comme n'ayant plus aucune raison d'être.

Tout cela, il le fait pour la justice, pour la paix, pour le bien général de la Chrétienté, pour la Terre Sainte, aussi, qu'il espère relever et affranchir, peut-être.

Du reste, avant d'apposer son sceau sur ce traité si parfumé du baume évangélique, si bien en rapport avec la vraie mission pontificale qui est avant tout de bénédiction et de médiation, il n'oublie pas les règles qu'impose la prudence. Il reste bien stipulé et bien entendu que si, par le fait de Jacques ou de ses représentants, une clause quelconque du traité n'était pas accomplie, l'ancien état de choses spirituel serait maintenu, ou plutôt revivrait par le fait même et sans nécessiter une décision spéciale et nouvelle de la part du Saint-Siège.

Immédiatement, le pontife donne l'exemple et se met à l'œuvre. Il écrit au roi de France dans le sens promis, et sa lettre est bien reçue.

Ce n'était pas que Philippe-le-Bel, qui devait laisser une mémoire si odieuse, eût accueilli si bénévolement cette lettre, sans doute, si elle ne fut venue à point pour le soulager d'un embarras. Il ne se souciait plus, en effet, de faire la guerre à l'Aragon, car, d'une part, il avait assez à faire de se défendre contre l'Angleterre et, d'autre part, son esprit était occupé par de mystérieux projets sur son royaume même, comme l'avenir allait le montrer bientôt.

Toutefois, en homme rusé, il feignit de se faire un grand mérite d'une obéissance d'occasion qui lui rendait un grand service et s'empressa d'acquiescer à tout ce que désira le pape.

Tout était donc en très bonne voie, et si Célestin eut été un tout autre homme, il eut poussé son désir de conciliation et de ménagement envers Jacques d'Aragon jusqu'à fermer les yeux, au besoin, sur un acte étranger aux préoccupations du moment.

Cet acte était le mariage que Jacques venait de contracter, sans l'en avertir, avec la fille de son cousin, Sanche IV roi de Castille et de Léon, mariage consanguin qui ne pouvait, d'après les canons, se faire qu'avec l'autorisation et la dispense du Saint-Siège.

Devant cela, Célestin, en saint qu'il est, pontife gardien et responsable devant Dieu des lois de l'Eglise, oublie tout le reste et, avec une liberté apostolique, s'écrie :

— Eh! quoi! fils bien-aimé, n'était-ce point déjà assez, pour vous, d'avoir longtemps méconnu les droits de l'Eglise, et fallait-il encore que vous fouliez aux pieds les lois saintes de la religion? Nous vous sommons de rompre les liens sacrilèges que vous avez formés et de réparer le scandale que vous venez de donner au monde catholique, si vous ne voulez pas que la colère du ciel vous atteigne dans votre personne ou dans votre postérité.

A un autre point de vue, il ne ménage pas davantage le roi de Naples.

Charles II était venu le prier d'engager son fils Louis à rester dans le monde afin d'être un jour, après lui, un roi digne de son trône et de sa lignée.

Louis, en effet, élevé à la dure école du malheur et de la captivité, se montrait dégoûté du monde et désireux d'entrer dans l'Ordre franciscain, humble et pauvre disciple du grand

Stigmatisé d'Assise. Déjà sa résolution n'était plus un mystère.

Célestin l'appelle et, bien loin de le détourner de sa vocation, l'y encourage fortement. Bien plus, il l'admet rapidement aux ordres mineurs et le nomme archevêque de Lyon, en remplacement du titulaire, Bérard de Got qui vient d'être nommé cardinal. En agissant ainsi, Célestin V savait que le jeune prince qu'il asseyait ainsi sur ce siège primatial, non seulement était capable de tenir cette place, mais encore, par sa haute position et ses alliances royales, serait capable de rendre à cette Eglise de Lyon la paix troublée par les puissants barons voisins qui la persécutaient.[1]

Homme de Dieu, plein de droiture et de simplicité, Célestin n'avait rien du politicien ni du diplomate, comme on le voit, et il va bientôt en résulter des mécontentements et même des haines, que ses excellentes intentions l'auront empêché de prévoir et dont il sera aussi surpris qu'affligé. Bien plus, il en sera la victime.

Le Sacré-Collège était alors très réduit par les vides que la mort avait fait dans ses rangs. Pour combler ces vides, Célestin nomma, d'un seul coup, douze cardinaux, sept Français et cinq Italiens.

Ces Français étaient Bérard de Got, archevêque de Lyon; Simon de Baulieu, archevêque de Bourges, homme zélé pour la discipline et réformateur des mœurs dans son diocèse; Jean le Moine, évêque de Meaux, ancien chanoine de Paris où il avait fondé un collège; Robert Ferrier, abbé de Citeaux, homme de mérites distingués; Guillaume Ferrier, prévôt de l'Eglise de Marseille; Simon de la Charité-sur-Loire et Nicolas Layde de Nonancourt.

Tous ces hommes étaient dignes, assurément, de cette

(1) Boniface VIII empêchera ces vues de se réaliser et enverra ce prince-archevêque à Toulouse avant même qu'il ait pris possession du siège de Lyon.

distinction; le saint qui les y avait appelés ne s'était pas préoccupé d'autre chose, et c'était du fond de sa cellule et du pied de son crucifix que Célestin avait agi.

Il croyait que la gloire de Dieu et le bien de l'Eglise étaient des motifs assez puissants à eux seuls pour inspirer les actes d'un pape; en pauvre saint qu'il était, il se trompait grandement et il allait en faire l'expérience. Expérience d'autant plus douloureuse, pour lui, que sa simplicité n'y comprendra rien. Ce saint, en effet, n'est ni de son temps, ni de son époque, ni du monde dans lequel il vit, bien malgré lui, d'ailleurs; il a les idées les plus justes selon Dieu, les plus fausses selon le monde; il s'imagine que le bien s'accomplit facilement, même par un pape, et surtout par un pape, parce que si un pape n'est pas tout puissant pour faire le bien dans l'Eglise, alors il ne voit pas à quoi cela peut servir d'être pape; il croit que les bonnes intentions, la droiture de l'âme, la simplicité du cœur, la docilité à la voix du ciel et de la conscience suffisent pour commander le respect et conduire au port le capricieux navire sur les vagues plus capricieuses encore.

Il se trompe! il ne connaît pas les hommes, les hommes, hélas! qu'on ne mène pas avec des vertus ni avec de la droiture, mais avec de la diplomatie, de la politique et de la ruse, c'est-à-dire avec des moyens qui expliquent la terreur des saints fuyant comme la peste, ces dignités qu'ils appellent des calvaires, tandis que tant d'autres les recherchent comme des trésors, précisément parce qu'ils ne sont pas des saints.

N'est-ce pas aux saints et pour les saints, en effet, que Jésus, parlant à ses Apôtres après la Cène, leur a dit : « Si le monde vous hait, sachez qu'il m'a haï avant vous. Si vous étiez du monde, le monde aimerait ce qui, en vous, serait à lui; mais parce que vous n'êtes pas du monde et que je vous ai choisis et séparés du monde, c'est pour cela que le monde vous hait... O Père, je leur ai donné votre parole et le monde les a haïs parce qu'ils ne sont pas du monde, comme je ne suis pas moi-même du monde.[1] »

A peine Célestin eut-il fait ces nominations, qu'il apprit avec stupeur que, du même coup, il venait de se faire autant d'ennemis qu'il y avait de personnages dans la curie romaine.

— Qu'ai-je donc fait de si blâmable, demanda-t-il à celui qui lui insinuait ces nouvelles en douceur; ai-je commis un abus de pouvoir? Non, certes! Ai-je usé d'un pouvoir qui n'est pas le mien? Qui osera le dire et même le penser? Ne suis-je point pape? Et si je le suis, je le suis pour le bien de l'Eglise et la gloire de Dieu.

Et, se tournant vers son humble crucifix, le saint ermite-pape sembla le prendre à témoin de la pureté de ses intentions et de ses actes.

— Cependant, insinua le visiteur, les intérêts des hommes sont aussi quelque chose; il est utile d'étudier ces intérêts, afin de ne pas les blesser trop, de les ménager; c'est ainsi qu'on a des auxiliaires au lieu d'avoir des ennemis; Votre Sainteté n'ignore pas ces choses, les grands conducteurs d'hommes ont toujours été des diplomates consommés...

Il s'arrêta de parler avec l'impression qu'il parlait dans le vide; rien, dans le visage de Célestin n'indiquait autre chose que l'étonnement. Des larmes coulaient de ses yeux sur sa barbe rude de solitaire. Il était visible qu'il ne comprenait pas ce qu'on voulait lui dire.

Pendant ce temps-là s'amassaient les gros nuages d'une tempête prochaine et prête à éclater dans son ciel pontifical. Sur ces douze nominations, la vieille curie lui en reprochait dix environ, c'est-à-dire toutes les françaises et la plupart des italiennes. Elle les regardait comme une invasion destinée à

(1) S. Jean, xv, 18, 19; xvii, 14.

préparer les voies à la ruine de ses idées et de sa politique personnelle.

Célestin, à coup sûr, ne méditait pas un plan semblable ; avec l'instinct sûr des hommes de Dieu, il mettait le fer rouge brutalement sur la plaie. C'était la plaie qu'il voulait guérir, ce n'était pas les hommes qu'il voulait irriter. Il savait qu'un chirurgien ne guérit pas une gangrène en jouant à cache-cache avec celui qui la porte, ce qui serait peut-être fort diplomatique, mais nullement médical.

Aussi, ce même instinct sûr le tenait éloigné de Rome, où il n'avait pas encore voulu entrer, comme s'il eut senti que là l'attendaient des périls et des orages contre lesquels il n'était pas suffisamment armé.

Bientôt, même, on apprit que Célestin avait le dessein arrêté de se transporter à Naples au lieu d'aller résider immédiatement à Rome.

Cette nouvelle ajouta à l'irritation des esprits politiciens irrités de voir un pape refuser d'être le prisonnier et l'esclave de leurs intrigues éternelles, un pape, enfin, mettant résolument en action cette parole, vérité dans sa bouche et mensonge dans la leur : *ubi Petrus ibi Ecclesia*, là où est Pierre, là est l'Eglise.

Célestin V n'avait plus qu'une faute politique à commettre pour attirer définitivement sur lui la foudre ; il la commit sans retard, en saint qu'il était, ne connaissant que le bien de l'Eglise et son devoir de pontife.

On apprit, presqu'en même temps, que son intention était, pour remédier dans l'avenir, aux maux que la division des cardinaux venait, pendant si longtemps, de faire souffrir à l'Eglise, de rétablir dans toute sa sévérité la fameuse constitution de Grégoire X touchant les conclaves et que Jean XXI avait si légèrement abrogée.

Mais Célestin avait fait son sacrifice ; comme Jésus, son divin maître, au jardin des oliviers, il avait accepté le calice après avoir prié en vain afin qu'il se détournât de lui; maintenant qu'il y avait trempé ses lèvres, il savait qu'il lui faudrait vider la coupe d'amertume. Comme Jésus il pouvait dire : « Voici que le prince de ce monde vient contre moi et rien en moi ne lui appartient » ; mais il ne pouvait, hélas! pas dire comme Jésus : « Le prince de ce monde va être jeté dehors. »

Sur ce point, il n'allait avoir avec Jésus que la communion du Golgotha.

XVII

JUSQU'A LA LIE.

Dans sa pauvre cellule du château royal, cellule aussi austère que celle de son pauvre monastère, Pierre de Murone, vêtu de sa pauvre et grossière robe de bure, prosterné sur la terre nue, priait et pleurait.

A côté de lui, sans doute, invisible aux yeux charnels, Jésus se tenait pour consoler son vicaire dans les douleurs de cet autre Gethsémani et l'aider à porter une croix trop lourde pour ses épaules trop faibles.

Sur le seuil, parut un jeune homme au noble maintien, à la mine fière, au geste princier.

C'était le roi de Naples, roi nominal de Sicile, Charles II.

Il regarda le vénérable moine-pontife absorbé dans sa prière, et attendit dans un respectueux silence.

Cependant, le solitaire avait senti sa présence et, se relevant, lui dit :

— Mon fils, je vous bénis. Avez-vous des nouvelles de Rome?

— Bienheureux Père, dit le jeune roi dont les yeux lançaient des éclairs, les nouvelles de Rome ne sont pas bonnes, et l'orage soulevé contre Votre Sainteté menace de se déchaîner avec fracas; déjà les vagues houleuses de cet ouragan déferlent à nos pieds.

— Malheureuse Eglise! s'écria le pontife en levant au ciel ses mains décharnées et ses yeux profonds. Etait-ce donc un pauvre pêcheur comme moi, qu'il fallait venir chercher pour tenir le gouvernail de cette barque insubmersible, mais qui est le jouet de toutes les tempêtes! Je prends à témoin Jésus-Christ, mon Seigneur, que je porte son Evangile au milieu des nations, que mon seul but est de lui rendre témoignage devant les hommes. Pourquoi sont-ils venus me chercher au désert malgré moi, pourquoi m'ont-ils fait pape malgré moi, si c'était pour me traiter ainsi!

— Bienheureux Père, répondit Charles, l'ignorez-vous?

— Je l'ignore, répondit humblement Célestin; Dieu le sait, cela ne doit-il pas me suffire?

Alors, tirant de dessous son manteau un livre qu'il avait apporté, Charles l'ouvrit à l'endroit marqué par un signet, et, du doigt montrant l'écriture lombarde qui en couvrait les pages, prononça ces paroles :

— Votre illustre et saint prédécesseur sur le Siège apostolique, le pape Grégoire-le-Grand, votre illustre père en Dieu, le glorieux patriarche Benoît le savaient, eux.

— Lisez, mon fils, dit Célestin d'un ton candide. Quel est ce livre?

— Ce sont, répondit Charles, les dialogues de saint Grégoire-le-Grand.

— Lisez, mon fils.

Charles s'était assis sur un siège grossier en face du pontife; d'une voix grave il lut :

» Non loin de Subiaco se trouvait un monastère dont l'abbé venait de mourir.

» Tous les religieux de cette communauté se rendirent près du vénérable Benoit et le conjurèrent avec les plus vives instances de se mettre à leur tête.

» L'homme de Dieu refusa longtemps.

» — Laissez-moi, leur disait-il. vous ne pourrez vous accommoder de l'austérité de mes mœurs.

» Cette prédiction ne devait que trop se réaliser ; mais les religieux, persistant dans leur premier dessein, finirent par vaincre les répugnances du saint reclus.

» Il prit donc le gouvernement du monastère et y introduisit aussitôt la régularité et la discipline. Il ne fut plus permis, comme autrefois, aux religieux de sortir du monastère sans la permission de l'abbé et sans de graves motifs.

» Ces réformes mécontentèrent les frères ; ils se reprochèrent, chaque jour, d'avoir choisi pour abbé un homme d'un caractère si dur et si inflexible. L'irritation ne fit que croître avec le temps. Renoncer à des habitudes invétérées, se plier à des règles nouvelles, parut impossible à ces malheureux moines déréglés. Il y en eut même qui poussèrent le ressentiment jusqu'au crime ; ils mêlèrent du poison dans le verre d'eau rougie qu'on servait à table au bienheureux abbé.

» Benoît étant venu au réfectoire, comme de coutume, commença par la prière et traça sur la table le signe de la croix.

» En ce moment, le verre contenant le liquide empoisonné éclata en mille morceaux comme s'il eut été frappé d'un coup de pierre.

» L'homme de Dieu comprit que le signe de Vie avait fait éclater le vase de mort. Il jeta sur les coupables un regard plein d'une mansuétude angélique et leur dit :

» — Frères, que le Dieu tout-puissant vous fasse miséricorde ! Pourquoi en avoir agi de la sorte avec moi ? Ne vous avais-je pas prédit que vos mœurs ne s'accorderaient pas avec les miennes ? Allez, choisissez-vous un père qui puisse vous convenir. Désormais, je ne saurais être votre abbé.

» Ayant ainsi parlé, Benoît reprit le chemin de sa chère solitude pour y habiter avec lui-même sous l'œil de Dieu.[1] »

— Voilà les hommes! s'écria Charles d'une voix courroucée, ce n'est pas un père qu'ils cherchent ni un chef, c'est un prisonnier et un complice!

— Mon fils, dit le moine-pape d'une voix douce, laissez-moi ce livre, je veux le méditer. Que n'ai-je une petite parcelle des vertus de notre bienheureux père Benoît! Que n'ai-je une faible étincelle du génie du saint pape Grégoire le Grand! Pauvre moine que je suis, impuissant à gouverner comme saint Grégoire le Grand, du moins aurai-je la sagesse de me retirer comme saint Benoît.

— Non! non! s'écria Charles, Votre Sainteté ne fera pas cela! Le vicaire de Jésus-Christ n'a pas le droit d'abandonner le poste de Jésus-Christ. Très Saint Père, vous resterez, l'Eglise a besoin de vous! Le peuple qui vous aime ne souffrira pas que son pasteur s'éloigne, il se lèvera tout entier pour soutenir votre chaire apostolique.

Célestin avait pris le livre et l'avait placé au pied de son crucifix, sur sa pauvre table.

— Et les nouvelles de Rome, mon fils? demanda-t-il.

— Bienheureux Père, répondit Charles, je sais que vos ennemis s'agitent et cabalent contre vous, je sais aussi qu'une députation de cardinaux est en route pour venir vous exposer les revendications de la curie, irritée non plus seulement des nominations que vous avez faites pour remplir des vides qu'elle aurait voulu voir longtemps encore ou remplis à son choix exclusif, mais encore de votre intention manifestée de vous fixer à Naples sous ma protection fidèle et de ne pas aller à Rome d'où tant de répugnance vous éloigne; en outre, ce qui met le comble à la colère, c'est que votre sagesse ait compris la nécessité de rétablir intégralement la constitution

(1) S. Grégoire le Grand, *Dialogues*, l. II, ch. III. Voir notre vol. XIVe : LES MOINES.

de votre prédécesseur Grégoire X, si nécessaire dans l'état de trouble profond où se trouve l'Eglise. Mais, bienheureux Père, vous m'avez chargé de veiller à l'exécution de votre volonté pontificale, et j'y veillerai, je vous le promets, sans faiblesse.

Les événements étaient plus graves encore que ne l'avouait le jeune roi Charles. Il le savait, mais il voulait ménager le cœur du saint pontife et éviter que son âme simple ne prît en un dégoût aussi profond que définitif, ce siège pontifical où il n'eût pas voulu s'asseoir et qui semblait se convulser sous lui.

Célestin ne se dissimulait nullement que sa volonté de restaurer la constitution de Grégoire dans toute sa sévérité, allait déchaîner contre lui les plus grandes colères. Mais il n'avait pas reculé devant ce qu'il considérait comme un impérieux devoir, le premier de sa charge apostolique.

Afin de ne laisser aucun doute sur sa pensée, ni aucun prétexte à la désobéissance, il avait confirmé la constitution de Grégoire par trois lettres successives, fermes et précises.(1) De plus, il avait confié l'exécution de sa volonté au roi Charles II, qui avait pour lui l'amitié et la vénération les plus grandes.

Aussi, était-ce Charles qui recevait les premiers coups, comme parangon et bouclier du Pontife reclus.

Une immense cabale était montée contre Célestin, une cabale qui avait juré sa chute, escompté son humilité et tablé sur son dégoût pour le monde et ses intrigues.

Les plaintes et les murmures augmentaient de jour en jour, incessamment apportés au roi Charles.

Oh! on ne reprochait pas à Célestin d'avoir rempli les vides du Sacré-Collège, on ne lui faisait pas un crime de faire revivre la constitution de Grégoire X, c'eût été vrai-

(1) Célestin V, Ep. 14 et suiv.

ment de l'impudeur; à peine lui faisait-on un sérieux grief d'abandonner Rome pour Naples; tant d'autres pontifes n'avaient-ils pas eux-mêmes élu domicile ailleurs, soit que les calamités politiques les y eussent forcés, soit que leur santé les eût obligés à se tenir loin, au moins pendant une bonne partie de l'année, de cette ville malsaine où les fièvres paludéennes attaquent tous ceux qui n'y sont pas acclimatés dès leur jeunesse.

Non, on avait d'autres griefs contre ce saint homme. On lui reprochait son incapacité; on l'accusait de fautes d'administration, d'erreurs de bureau! faveurs obtenues par des gens qui ne les méritaient pas, privilèges soi-disant dangereux accordés légèrement, ambitions imprudemment encouragées, doubles nominations faites pour le même emploi, blancs-seings octroyés à des mains qui pouvaient en abuser, toutes choses qui étaient imputables aux chargés d'affaires du pape plutôt qu'au pape lui-même; fautes pour beaucoup imaginaires, quelques-unes réelles et la plupart fort habilement créées par les intéressés.

Au milieu des clameurs hostiles au pontife, on entendait déjà le vrai mot de l'énigme : démission.

Le roi Charles comprit toute la manœuvre de la vieille curie et vit tout de suite où voulaient en venir les anciens cardinaux; il résolut alors d'opposer aux princes de l'Eglise une éclatante manifestation du peuple et du clergé en faveur du pieux et saint pontife.

Des émissaires royaux répandirent dans le peuple, sous forme d'indiscrétions habilement commises, toute la vérité.

Les cloches de la cathédrale, sonnant à la volée, appelèrent les fidèles à l'église et des masses de peuple affluèrent de toutes parts à la basilique, en habits de fête et acclamant le pontife.

Une immense procession se forma alors et se déroula de la cathédrale au château royal où résidait le Pape, roulant des flots humains manifestant un amour et un enthousiasme que la sainteté seule peut provoquer et qui semblait une seconde consécration pontificale.

Il fallut que le pape se montrât à cette foule qui l'acclamait avec délire. Bientôt, on vit paraître, soutenu par le bras du roi Charles, un pauvre moine vêtu de bure qui pleura et bénit de ses mains tremblantes ce peuple prosterné.

Dans le grand silence, la voix du pontife, émue comme dans des sanglots, entonna le *Te Deum!*

Aussitôt, tous se relevèrent comme sous un souffle électrique; toute une ville continua les versets du glorieux cantique, et tous, un instant, revécurent par la pensée les grandes et inoubliables émotions de la splendide cérémonie du sacre.

Hélas! si grandiose que fut cette manifestation, elle ne détourna pas de leur route tracée et obstinée les ennemis du pontife. L'intérêt des mécontents avait malheureusement pour complices la modestie et la piété de celui-là même qu'on voulait renverser; il n'aspirait qu'à descendre. Nul plus que lui n'était persuadé qu'il était incapable d'exercer les hautes fonctions dont on l'avait investi. Sa pieuse et tranquille retraite de Murone n'excitait pas seulement ses regrets, elle attirait de nouveau ses vœux les plus sincères.[1]

Tout le monde ne réclamait pas la démission du pontife, tant s'en faut. C'était seulement les anciens cardinaux de la vieille curie qui parlaient ainsi avec leurs partisans. Les autres qui formaient la curie nouvelle et entouraient Célestin étaient d'un avis tout opposé. Quant au peuple, Célestin était son pape chéri.

A Célestin qui leur confiait ses douleurs et ne demandait pas mieux que de s'en aller, de fuir ce siège qui était pour lui un véritable lit de Procuste, un gril ardent, un gibet de

(1) Bareille, *Hist. de l'Eglise.*

torture, ils s'efforçaient de rendre le courage, allant même jusqu'à déclarer formellement, qu'un pape qui se démet de ses fonctions commet un acte essentiellement illicite en contradiction avec l'ordre divin.

— Les autres dignitaires politiques ou religieux, disaient-ils, peuvent se démettre de leur charge, parce qu'il existe une autorité supérieure à la leur pour recevoir et sanctionner leur démission. Le pape seul n'en a pas le droit, parce qu'il ne relève de personne en ce monde; il doit rester à son poste jusqu'à la mort; c'est alors Dieu lui-même qui l'appelle au repos par l'intervention directe de sa volonté.

Parmi ceux qui n'étaient pas du tout de cet avis, se trouvait celui sur la tête duquel allait bientôt passer la tiare, le cardinal Benoît Gaëtan, membre de la vieille curie; il savait ce que la vieille curie avait voulu en choisissant cet infortuné saint pour terminer ses discordes et ce qu'elle voulait, maintenant que ses discordes étaient finies.

— Un pape relève de lui-même, disait-il sèchement et invariablement, et celui qui est incapable de remplir sa charge a pour premier devoir de la laisser à un autre.

Célestin, atterré dans son humilité profonde, voyait bien qu'il ne sortirait pas de cette impasse d'où eût pu seulement le tirer une énergie spéciale qui lui manquait totalement.

La vieille curie venait, d'ailleurs, d'obtenir de lui qu'il laissât le gouvernement de l'Eglise à trois cardinaux, dont le chef était l'évêque d'Ostie.

Célestin, par cet acte, venait de consentir à une véritable tutelle; de ce jour, il avait lui-même découronné son front. Il y avait cinq mois à peine qu'il était pape.

Par son ordre, les cardinaux furent réunis le 13 décembre de cette année 1294, jour de sainte Lucie, dans une salle immense où se pressait, en outre, une nombreuse assemblée.

Bientôt, on vit paraître un vieillard vêtu des ornements pontificaux et dans tout l'éclat de la dignité suprême.

C'était Célestin. Il s'avança au milieu du plus profond silence et prit place sur un siège en face de l'assemblée.

Ses premières paroles furent celles ci :

— Je demande la plus profonde attention ; j'ordonne que l'on garde le plus grand silence et je défends rigoureusement à qui que ce soit, de se permettre la moindre interruption pendant que je vais parler.

Il déroula alors un parchemin et, au milieu de l'attention générale, lut ce qui suit d'une voix assurée :

« Moi, Célestin, cinquième du nom, Pape légitime, mû par de légitimes raisons, le désir d'une meilleure vie, les syndérèses de ma conscience, la débilité de mon corps, les infirmités de l'âge, la corruption du monde présent, le défaut des qualités nécessaires, je renonce librement et spontanément aux fonctions papales, déposant sans réserve l'honneur et le fardeau. Je donne dès cette heure plein pouvoir aux membres du Sacré-Collège d'élire et d'introniser, selon les formules canoniques, un nouveau pasteur pour l'Eglise universelle. »

Ayant fait cette simple déclaration, le vénérable vieillard se dépouilla un à un de tous ses ornements pontificaux, depuis la tiare et l'anneau jusqu'aux sandales de drap d'or, et reparut à tous les yeux ce qu'il était, un saint moine aux pieds nus et vêtu de son humble robe de bure.

Devant ce saisissant spectacle, l'assemblée était muette d'une stupeur pleine d'une émotion qui arrachait des larmes ; les ennemis même de Célestin ne pouvaient cacher leur trouble, leur honte et peut être leurs remords.

Comme il était venu, le saint sortit d'un pas lent, triste et majestueux, pour aller regagner sa cellule.

En ce temps de luttes politiques intenses où les hommes aveuglés, du haut en bas de l'échelle sociale, ne connaissaient que leurs passions, toutes sortes de voix s'élèveront pour juger différemment les événements. Aucun acte, quel qu'il soit, n'échappera à la louange et à la critique.

Benoît Gaëtan sera tout aussi maudit qu'acclamé, selon le parti auquel appartiendront ceux qui le jugeront ; Célestin lui-même n'échappera pas à l'insulte et le génial et terrible Dante, aveuglé par ses passions gibelines, le mettra dans les premiers supplices de son Enfer :

« Je regardai et je vis un drapeau rapidement emporté dans une course sans repos ni terme ; il était suivi d'une foule si innombrable, que je ne pouvais croire que la mort eut moissonné tant de victimes. Parmi celles que je reconnus, je considérai l'ombre solitaire qui se refusa lâchement au grand fardeau du pontificat et je compris alors que j'étais au séjour des âmes tièdes également réprouvées de Dieu et de ses ennemis. Ces malheureux qui n'ont point sû gouter la vie étaient nus et toujours assaillis d'insectes et de mouches cruelles. Leurs larmes et le sang qui coulait de leurs blessures allaient abreuver les vers qui fourmillaient à leurs pieds.[1] »

Mais pour balancer ces injustes paroles du grand révolutionnaire armé d'une lyre si farouche, un autre poète au nom également fortifié par les Muses, Pétrarque, parlera un tout autre langage à la gloire de Célestin V, et il dira :[2]

« Blâme qui voudra la résolution de cet homme déposant le souverain pontificat comme une charge écrasante et regagnant son désert comme s'il venait de briser les fers de l'esclavage, pour moi j'ai la conviction qu'il a bien mérité du monde chrétien ; j'y vois le fait d'un esprit supérieur, d'une âme libre qui repousse le joug et s'envole aux régions célestes. Celui-là seul est capable d'un tel renoncement, qui foule aux pieds toutes les grandeurs humaines et les estime à leur juste valeur.

» Il me faudrait la langue d'Ambroise recommandant

(1) Dante, *L'Enfer*, ch. III. Description du premier supplice.)

(2) Pétrarque, *De Vita solit.*, II, 18.

l'abnégation et l'humilité dans son exhortation, à la vierge Démétriade, pour m'élever à la hauteur d'un tel sujet.

» Rien n'égale l'inflexible droiture et la sublime élévation d'un cœur pour qui les richesses de la terre ne sont dignes que de mépris, qui dédaigne les honneurs périssables, qui ne recherche pas les applaudissements sur ce théâtre où le pécheur est applaudi dans son iniquité même, qui porte ailleurs ses désirs et détourne ses regards de la créature pour les attacher exclusivement au Créateur dont l'approche est une lumière immortelle, la crainte une pure félicité, le service une royauté véritable.

» Dans quelle contrée, dans quel siècle trouverons-nous un saint ayant plus de droits à cet éloge que le pape Célestin? D'autres ont abandonné leurs filets et leurs barques, d'autres leurs biens et leurs trésors, d'autres la couronne même ou l'espoir de la couronne pour devenir les apôtres du Christ, les sauveurs des âmes, les amis de Dieu; mais renoncer à la dignité papale, la plus haute de l'univers, celle dont le nom paraît dans l'origine un cri d'admiration et de stupeur, qui donc en a fait le sacrifice depuis surtout qu'elle est entourée de tant d'honneurs et d'hommages! Célestin seul!

» Sa position change, lui ne change pas, toujours semblable à lui-même, toujours également agréable à Dieu, dans sa cellule et sur le trône, avant de monter, pendant qu'il siège, après qu'il est descendu!

» Nous le savons par les témoins oculaires, la joie qu'il manifestait en descendant est le signe et la mesure de la douleur qu'il éprouvait dans l'ascension. Son visage respire je ne sais quoi d'angélique. Ce n'est point sans raison, il sait ce qu'il va retrouver et n'ignore pas ce qu'il délaisse! Il passe de l'agitation à la paix, du monde à la solitude, de l'homme à Dieu.[1] »

(1) Cité d'après l'abbé Bareille.

Dante et Pétraque ont l'air de se contredire; en réalité leur lyre chante le même thème sur deux tons différents : la douleur et la colère des peuples opprimés par les puissants de la terre et qui cherchent en vain parmi eux un sauveur. Toute la différence réside en ceci que le premier met au rang des lâches le libérateur crucifié, tandis que le second, chante, au pied de son calvaire, un sublime *gloria victis!*

D'autres voix célébreront encore la gloire de Célestin que l'Eglise, d'ailleurs, mettra sur ses autels sous l'humble nom de saint Pierre de Murone.

L'élection de ce pape reste moins admirable que sa démission, affirmera le chroniqueur des Pontifes romains.[1] On ne trouve pas dans toute l'histoire un plus bel exemple d'humilité, dira un autre.[2]

Dieu lui-même, dira le cardinal Pierre d'Ailly, s'est fait l'apologiste de son humble serviteur en lui continuant le pouvoir des miracles, ce qui, certes, n'aurait pas eu lieu si le Seigneur avait désapprouvé sa conduite.

En effet, le lendemain de son abdication, Célestin redevenu Pierre de Murone, alors qu'il descendait de l'autel après avoir célébré les saints mystères, guérissait instantanément un paralytique qu'on venait de déposer à ses pieds.

On ne juge pas de tels faits, car ce serait juger un jugement, un jugement de Dieu même, rendu au milieu de son Eglise par la droite même de son Christ.

Mais la coupe d'amertume n'était pas encore vidée pour celui dont le prophète avait écrit cette phrase si simple et si tragique : *Ex eremo celsus!*

(1) Bernard, *Chron. Pont. rom.*, ann. 1294.
(2) Jordan, *Mss. Vatic.*, num. 1960.

XVIII

BENOIT DES FLOTS.[1]

Dix jours après cette émouvante abdication, le 24 décembre 1294, le conclave s'assemblait dans les règles tracées par Grégoire X et restaurées par Célestin V. Le 26, un pape était élu ; c'était Benoît Gaëtan, sous le nom de Boniface VIII qui s'empressa d'aller à Rome et y fut sacré dans la basilique de Saint-Pierre le 2 janvier 1295 aux acclamations des Romains qui trépignaient de joie d'avoir de nouveau un pape dans leurs murs.

Rien ne fut plus magnifique que cette cérémonie :

« Dans le parcours entre la basilique vaticane et le palais du Latran, le Pape monté sur sa haquenée blanche s'avançait comme un triomphateur ; deux monarques marchant à pied,

(1) *Ex undarum benedictione*, dit S. Malachie. Boniface VIII s'appelait Benoît Gaëtan (*Benedictus*), et portait, comme armoiries : d'or à une jumelle ondée d'azur, ou bien d'or à deux bandes ondées d'azur. On lui donne aussi : Ecartelé au un et quatre d'or à deux bandes ondées ou cotices entées d'azur, aux deux et trois d'azur, à l'aigle d'or couronné d'or. Les Eaux symbolisent généralement les passions agitées et en luttes. Ce symbole s'appliquait parfaitement à ces temps extrêmement troublés, sur les flots desquels s'élève ce pape qui lui-même était parmi les lutteurs, Guelfes, Gibelins et autres. Ce sera un pape analogue à Grégoire VII. Nous n'avons pas à le juger ; nous avons seulement à constater qu'en ce temps-là, un saint selon le cœur du Christ n'a pas pu rester sur le siège de S. Pierre.

le père à droite, le fils à gauche, tenaient les rênes de soie; nul contraste évangélique, rien qui rappelait l'humble Célestin, tout était réuni pour l'ostentation et la magnificence. Au repas par lequel la fête se termina, les mêmes princes avec leurs habits royaux, couronne en tête, servirent les premiers plats sur la table pontificale, puis allèrent s'asseoir à celle des cardinaux. Dès le lendemain, Boniface annonçait au monde catholique sa prise de possession du trône pontifical.[1] »

Mais avant lui, et par son ordre, le pape déchu, le vénérable Célestin, avait pris lui-même le chemin de cette Rome qui lui était odieuse, et sous bonne garde.

Le vénéré prisonnier, l'âme navrée de cet excès de douleur, s'était mis en route, mais, bientôt, trompant la vigilance de ses gardiens, il avait fui vers les montagnes aimées où jadis, occupé de Dieu seul, il avait passé tant de saintes années.[2]

Ce n'était pas sans raison que Boniface agissait ainsi. Il savait que le pape du peuple était Célestin et que le peuple réclamerait celui qui faisait des miracles et guérissait ses malades. Il craignait un schisme que ne faisait que trop prévoir le scandale inouï jusqu'alors d'une pareille chute.

Tout d'abord, à la nouvelle de cette fuite, Boniface hésita sur ce qu'il allait faire. Mais bientôt il ne fut plus possible de douter, non certes que le saint voulût autre chose que le désert et l'oubli, mais que les peuples irrités s'agitaient déjà pour le réclamer et n'en point vouloir d'autre. Personne n'admettait qu'une telle abdication fut valide et qu'un pape eût le droit d'abandonner ainsi le vicariat que lui avait confié le Christ.

Devant ces rumeurs menaçantes, Boniface n'hésita plus.

(1) Abbé Bareille, *Hist. de l'Eglise.*
(2) Jacob. cardin., *De canonis B. Celestini*, II, 18.

il envoya un de ses camériers et l'abbé du Mont Cassin avec ordre de se saisir de Célestin et de le lui amener.

Ils trouvèrent le pauvre saint dans son humble cellule.

— Vénérable père, lui dirent-ils, le très saint pape Boniface nous a donné l'ordre de vous amener sans délai à la cour pontificale.

Le saint ermite leva vers eux sa vénérable tête, et, les yeux pleins de larmes, leur dit :

— Laissez-moi, je vous en supplie, je ne suis pas de ce monde, j'ai fait un rêve affreux qui heureusement n'a pas duré, j'ai rêvé que j'étais pape! mais je suis réveillé et j'ai oublié ce douloureux cauchemar. Je veux rester ici, vivre et mourir ici, au pied de ce crucifix que je n'aurais jamais dû quitter.

Prières, menaces, ne parvinrent pas à l'ébranler; prosterné sur le sol, Pierre refusait obstinément de sortir de sa cellule.

Ils n'osèrent employer la force et ils se retirèrent, pensant que cette énergique volonté de réclusion était la meilleure garantie contre tout danger, lorsqu'arriva un messager de Boniface qui, les voyant revenir seuls, leur dit :

— Que faites-vous! Le seigneur pape ordonne que l'ancien pontife Célestin lui soit amené de gré ou de force. Où est-il?

Ils revinrent à la cellule. Elle était vide. Le saint venait de nouveau de s'enfuir.[1]

Il était déjà loin. L'infortuné vieillard, malgré son âge, son épuisement et ses infirmités, accompagné d'un de ses frères, fuyant par des sentiers perdus, était allé demander asile à quelques serviteurs de Dieu cachés dans les bois au fond de l'Apulie.

Là il passe le carême en tremblant. Il sait, en effet que

(1) Le cardinal Pierre d'Ailly, II, 15.

le roi Charles II prête son concours au nouveau pape pour le faire saisir, Charles II qu'il aimait tant!

Déployant alors une énergie presque surhumaine, il songe à quitter l'Italie, à traverser les mers et à aller implorer de la Grèce le repos et la liberté que sa patrie lui refuse.

Trois fois il s'embarque; trois fois la tempête le rejette sur la côte. Les matelots superstitieux s'inquiètent. Quel est donc cet homme que les flots refusent de porter et rejettent sur le rivage? Qui est-il? Où va-t-il? D'où vient-il?

Son aspect vénérable, ses cheveux blancs, sa longue barbe, la sainteté qui respire sur ses traits, la bure grossière qui le couvre, les éclaire.

— C'est le saint de l'Abruzze! s'écrient-ils. C'est le saint pontife Célestin!

Rapide comme la foudre, se propage la nouvelle; des foules accourent, on l'acclame, on se prosterne à ses pieds, on se partage des lambeaux de ses vêtements comme des reliques insignes, on va jusqu'à arracher les poils de l'âne sur lequel il était venu.

Soudain, fendant la foule, des cavaliers arrivent criant :

— Place! place! au nom du très saint pape Boniface et du roi Charles! place!

Le malheureux saint est de nouveau prisonnier, il lève vers le ciel ses mains décharnées et ses yeux pleins de larmes et se laisse emmener.

C'est à Anagni qu'on le mène, au pape Boniface VIII. Mais les foules en rumeur accourent et obstruent les routes au point que l'on doit renoncer à voyager pendant le jour et qu'il faut attendre la nuit. Malgré cela, la marée humaine ne cesse de déferler, et, à travers ces flots même, l'escorte du prisonnier ne peut avancer. A chaque pas éclatent des miracles. Des miracles, Pierre en fera d'éclatants, à Anagni même, en face de Boniface VIII. Un membre de la curie, l'archevêque de Corenza, à toute extrémité et mourant de la pierre, tournera les yeux vers le saint et se lèvera, soudain guéri, alors qu'il était condamné par les médecins et déjà pleuré de sa famille qui apprêtait ses funérailles.[1]

Boniface irrité de tout ce tumulte, affecta le calme et la bienveillance, néanmoins, envers celui qui lui avait cédé sa place. Il lui montra les agitations qui grondaient de toutes parts, lui affirma que son obstination troublait l'Eglise et que Dieu lui en demanderait compte, et finalement lui assigna pour résidence une cellule dans la forteresse de Fumone, en Campanie.

Le saint vieillard se taisait, les yeux pleins de larmes. Il prit humblement le chemin de sa prison, tombeau anticipé gardé rigoureusement par des soldats, où pas un bruit humain ne devait arriver jusqu'à lui, d'où l'on ne devait entendre sortir non plus aucune plainte humaine.

Mais avant de partir, se tournant vers le pape :

— Je regrette si peu mon abdication, dit-il, que je la ferais à l'instant avec bonheur, supposé qu'elle ne fut point faite. Je ne voulais qu'une cellule, une tranquille retraite pour y servir Dieu loin du tumulte des hommes ; on me la donne, qu'ai-je à demander de plus !

« Il se hâtait, d'ailleurs, vers la fin de ses tribulations ; la fièvre consumait les faibles restes de sa vigueur depuis longtemps épuisée. Sa piété seule n'était pas amoindrie ou plutôt se montrait chaque jour plus ardente et plus expansive hâtant le moment où le prisonnier de Jésus-Christ et du Pape allait, comme Paul, voir tomber ses liens et crouler sa demeure terrestre.[2] »

« Le 18 mai, une longue défaillance annonça qu'il touchait à ce moment désiré. Pendant toute la nuit suivante,

(1) Pierre d'Ailly, II, 15. — Jacob cardin. *De canonis S. Celest.* I, 4. — Ptolémée de Lucques, *Hist. Eccl.*, XXIV, 35, 36. — Bareille, *Hist. de l'Eglise.*

(1) Bareille, *Hist. de l'Eglise.*

les soldats, veillant dans l'obscurité, virent une petite croix lumineuse suspendue en l'air, briller devant la porte de sa cellule. On eut dit un bijou d'or incandescent. Tous furent témoins du prodige.

» Le 19, Pierre s'endormait dans le repos du Seigneur, avec une paix inaltérable, et son âme remontait au ciel avec le signe sacré.

» Son corps fut enseveli dans une maison de son ordre à Ferentino. Un cardinal présida les funérailles au nom de Boniface VIII qui offrit lui-même, ce jour-là, le saint-sacrifice pour ce saint sacrifié, sur la tombe duquel se multiplièrent les miracles.

» A l'heure de sa mort, un de ses religieux, frère Robert de Salerne, ignorant ce qui se passait, le vit dans une sorte d'extase :

— O mon père, lui dit-il, dois-je vous suivre ou rester ici?

— Reste, mon fils, dans notre chère solitude, lui répondit le saint, jusqu'à ce que soit venue aussi ton heure. »

Pendant ce temps-là, le monde se retrouvait dans son élément normal, l'agitation politique et la guerre entre les rois sous les pieds desquels les peuples, à leur tour, vont tramer dans l'ombre la longue épopée de leurs futures vengeances.

CONCLUSION

Ici s'arrête la période duodénaire que comportaient ces pages. L'Eglise réunit en elle les grandeurs humaines et les grandeurs divines. Elle passe à travers les flammes de la fournaise où rugissent les passions humaines; Dieu seul est juge de l'empreinte que laissent ses pas sur la route immense qui va de l'éternité à l'éternité.

Heureux celui qui comprend qu'au grand jour du définitif triomphe de l'Agneau, le signe qui triomphera dans les nues sera la Croix.

Dans les noces inexprimables du divin Epoux et de la divine Epouse apparaitront ses vrais fastes, les stations de la route sanglante du Calvaire.

Heureuses alors les larmes qui auront tombé de ses yeux sur les chemins de son désert; heureuses ses douleurs; heureux tous ceux qui auront pleuré avec elle parce qu'ils seront consolés en elle, les martyrs de Jésus. *Beati qui lugent quoniam ipsi consolabuntur.*

TABLE DES MATIÈRES.

Et. Casterman, Tournai. 1526

www.ingramcontent.com/pod-product-compliance
Ingram Content Group UK Ltd.
Pitfield, Milton Keynes, MK11 3LW, UK
UKHW021146260726
13994UKWH00001B/318